Königs Erläuterungen und Materialien
Band 416

Erläuterungen zu

Günter Grass

Im Krebsgang

von Rüdiger Bernhardt

Bange Verlag

Über den Autor dieser Erläuterung:

Prof. Dr. sc. phil. Rüdiger Bernhardt lehrte neuere und neueste deutsche sowie skandinavische Literatur an Universitäten des In- und Auslandes. Er veröffentlichte u.a. Monografien zu Henrik Ibsen, Gerhart Hauptmann, August Strindberg und Peter Hille, gab die Werke Ibsens, Peter Hilles, Hermann Conradis und anderer sowie zahlreiche Schulbücher heraus. Von 1994 bis 2008 war er Vorsitzender der Gerhart-Hauptmann-Stiftung Kloster auf Hiddensee. 1999 wurde er in die Leibniz-Sozietät gewählt.

Hinweis:
Die Rechtschreibung wurde der amtlichen Neuregelung angepasst. Zitate von Günter Grass müssen auf Grund eines Einspruches in der alten Rechtschreibung beibehalten werden.

5., aktualisierte Auflage 2008
ISBN: 978-3-8044-1854-7

Titelabbildung: Günter Grass
Druck und Weiterverarbeitung: Tiskárna Akcent, Vimperk

Zitiert wird nach: Günter Grass: *Im Krebsgang*. Eine Novelle. Göttingen: Steidl Verlag, 2002. Die Taschenbuchausgabe von dtv ist mit der gebundenen Ausgabe seitenidentisch. Die *Danziger Trilogie* wird nach den folgenden Ausgaben zitiert: Günter Grass: *Die Blechtrommel*. Roman. München: dtv, 1999 (8. Auflage), Günter Grass: *Katz und Maus*. Eine Novelle. München: dtv, 2001 (10. Auflage), und Günter Grass: *Hundejahre*. Roman. München: dtv 1997 (2., neu durchgesehene Auflage). Abkürzungen bei den Zitatbelegen: *Katz und Maus* = *K*, *Hundejahre* = *H*.

Vorwort

Die Bücher des Nobelpreisträgers Günter Grass stießen bei ihrem Erscheinen immer auf großes Interesse, dem sich anhaltende Aufmerksamkeit anschloss. Allerdings waren die Urteile nicht einheitlich, sondern meist polarisiert gegensätzlich und unversöhnlich. Kritiker und Publikum standen oft in unterschiedlichen Lagern. Die Novelle *Im Krebsgang* hat umfangreich gewirkt und eine kaum überschaubare öffentliche Diskussion ausgelöst, die sich von der literarischen Beurteilung weit entfernte. Das betraf die Rolle der Deutschen im und nach dem Zweiten Weltkrieg. Die Diskussion wurde von einer Übersetzungsflut der Novelle in 30 Ländern begleitet, löste aber auch wissenschaftliche Aufmerksamkeit für das „Nazinest" der dreißiger Jahre Davos[1] und den Leiter der dortigen Ortsgruppe der NSDAP Wilhelm Gustloff aus.
Im Februar 2002 erschien die Novelle *Im Krebsgang* des Nobelpreisträgers Günter Grass, die ins Umfeld der *Danziger Trilogie* gehört. Zuspruch und sofort einsetzende Auseinandersetzung bestätigen die Bedeutung des Themas von **Flucht, Vernichtung, Umsiedlung und Vertreibung** der Deutschen aus dem Osten am Ende des Zweiten Weltkrieges. Doch die Handlung der Novelle ist umfänglicher: Es geht um die Kenntnis der folgenden Generationen von den Verbrechen, die von Deutschen von 1933 bis 1945 verübt wurden und Flucht und Vertreibung der Deutschen ausgelöst hatten. Es geht auch um den Umgang mit diesem Wissen, das oft einseitig als Schuld- oder Opfergefühl bei der Elterngeneration der um 1945 Geborenen vorhanden war und die deshalb die nachfolgende Kindergeneration die jeweils ausgesparten Erinnerungen suchen ließ. – Der Stoff der Novelle ist der Untergang der

1 Vgl. Tobias Engelsing: *Das Hitlerbad*. In: DIE ZEIT, Nr. 4 vom 18. Januar 2007, S. 84

Wilhelm Gustloff in der Ostsee am 30. Januar 1945; dabei starben möglicherweise bis zu 10 600 Menschen (darunter ca. 4 500 Kinder und Jugendliche), sechs Mal so viele wie beim Untergang der *Titanic*. Es war die schwerste Schiffskatastrophe der Menschheitsgeschichte. –

Die Novelle wurde schnell zum Bestseller – nach einer Woche verließ am 13. Februar 2002 bereits das 400 000. Exemplar die Druckerei – und hielt sich monatelang an der Spitze der Bestsellerlisten. Wie bereits andere Werke Grass' löste die Novelle eine publizistische Welle aus, die – auch das war nicht neu – das Publikum polarisierte. Dabei wurden kaum literarische und ästhetische, sondern politische Probleme erörtert. Zeitungen forderten, das Buch solle Pflichtlektüre der Schule werden.

Die **Aktualität der Novelle** liegt in seismografisch gespürten Entwicklungen der Gesellschaft, die im Umkreis der Veröffentlichung allgemein sichtbar wurden, in ihrer künstlerischen Qualität **und** in der Analyse eines kleinbürgerlich geprägten, nationalistischen Denkens, dem Toleranz nach dialektischer Geschichtsbetrachtung trotz der historischen Erfahrungen nicht gelingt. Aus dem Text spricht die Enttäuschung Günter Grass', dass von einem Teil des deutschen Volkes keine historischen Lehren angenommen werden und junge Menschen heute schon wieder irregeleitet sind.[2] Die Novelle ist ein Warntext, der auf eine noch bzw. wieder lebendige Vergangenheit hinweist. Die Diskussion um die Novelle erhielt in den Jahren nach ihrem Erscheinen zwei zusätzliche Akzente. Zum einen verkürzten Kritiker und Leser in ihren publizistischen Reaktionen Grass' Anliegen auf die Darstellung der Deutschen als Opfer und stellten die ausufernden deutschen Leidensgeschichten bei der Niederlage des Nationalsozialis-

2 Vgl. dazu: Grass, *Falsche Folklore* (Gespräch), S. 21

mus in Literatur und Fernsehen in die Tradition dieser Novelle. Belletristik, Sachbücher und mediale Zeugnisse wurden „in der Nachfolge von Günter Grass' Gustloff-Novelle"[3] gesehen. Je mehr die Erinnerung an die Zeit des Faschismus privatisiert wurde, desto mehr wurde die primäre und singuläre Schuld der Deutschen verdrängt. Als „Entkonkretisierung der Zeitgeschichte im Familienalbum" wurde das bezeichnet und Grass' Text als Beschreibung betrachtet, wie diese eingeschränkte Sicht zu neuem faschistischen Antisemitismus führt.[4] Mit der Betonung deutscher Opfer wurde die historische und die ästhetische Anlage des Textes verkürzt, fast verfälscht, denn der Text ordnete die Opfer den verdrängten historischen, politischen und weltanschaulichen Verbrechen der Täter unter. Grass hatte in Interviews darauf hingewiesen, dass die Flucht aus Ostpreußen eine „Katastrophe" gewesen sei, „aber es ist das nachgeordnete Unrecht – die deutschen Verbrechen bleiben auslösendes Moment"[5]. Außerdem begann die Flucht zuerst bei anderen Völkern, nachdem Deutschlands Machthaber 1939 eine Neuordnung Europas angekündigt und sie durch Krieg begonnen hatten. So wurden die Polen durch die deutsche Besatzungsmacht im Rahmen der von Himmler verantworteten „Germanisierung" des Ostens, auch „Umvolkung" genannt, „umgesiedelt".[6]

Der andere Akzent wurde nach Grass' Mitteilung in seiner romanhaften Autobiografie *Beim Häuten der Zwiebel* (2006) gesetzt, er sei als Siebzehnjähriger kurz vor Kriegsende in die neu aufgestellte Waffen-SS-Division „Jörg von Frundsberg" eingezogen worden. Was in der journalistischen Debatte folgte, war gespenstisch, teils unerquicklich, aber auch aufschlussreich.

3 Susanne Beyer: *Gesucht, die eigene Herkunft*. In: Der Spiegel 2004, Nr. 29 vom 12. Juli 2004, S. 119

4 Sbarra, S. 388

5 Mayer-Iswandy, S. 225

6 Vgl. dazu Hildebrand, S. 39 ff.; Himmler: „Der Osten gehört der SS." (s. Ernst Klee, S. 256)

Die Grass gemachten Vorwürfe standen in keiner Relation zu zahlreichen Biografien, in denen hohe und höchste Funktionen im Dritten Reich kein Hinderungsgrund für vergleichbare Laufbahnen nach 1945 waren. Es wurde deutlich, dass es vielen Meinungsmachern bei ihren Urteilen über Grass nie um ästhetische und moralische, noch weniger um literarische Fragen ging, sondern nur um Hass und Wut auf einen erfolgreichen, widerspruchsvollen und unbequemen Schriftsteller, der aus seinem sozialen Engagement, dem politischen Willen zum Einmischen, dem links orientierten Denken und seiner Sympathie für Ausgegrenzte nie ein Hehl gemacht hatte. In einer ersten Zusammenfassung hieß es über die Diskussion:

> *„Alte Rechnungen wurden beglichen, die moralischen Verdikte fielen verheerend aus, als ginge es bei diesem Verschweigen einer jugendlichen Torheit um Landesverrat. Sogar eine schlichte Gewissheit sollte eingestampft werden: dass die Instanz der Kritik nicht deshalb schon annulliert ist, wenn der Kritiker selbst ihr nicht genügt. Eine Heuchel-Suada (d. i. Redeschwall, R. B.) ohnegleichen ist über den ‚Heuchler' Grass niedergegangen."*[7]

Grass' Gesamtwerk und damit die Novelle *Im Krebsgang* haben durch das bekannt gewordene biografische Detail an Bedeutung gewonnen. Sie lesen sich noch eindringlicher als die Aufarbeitung von Scham und Schuld, keiner nachweislich persönlichen Schuld, aber der nationalen Schuld, in die der Faschismus Deutschland und die Deutschen gestürzt hat und die auch als Schuld des Einzelnen geprüft werden muss. Die Grass'schen Texte ließen sich nun auch als allmähliche Aufarbeitung und Erhellung der eigenen Biografie lesen. Noch deutlicher wurde dadurch ihr Warncharakter. Begriffe wie „Schande", „Scham" und „Schuld" bekommen in der Autobio-

7 Wilfried F. Schoeller: *Unversöhnt mit sich selbst*. In: Literaturen, 7. Jg., Berlin 2006, Heft 10 (Oktober), S. 12

grafie zentrale Bedeutung, hatten sie aber auch in früheren Werken, wobei *Im Krebsgang* eine besondere Stellung zukommt. Grass verstand und versteht in diesem nationalen und individuellen Sinn sein Schreiben stets als Sühne für Schuld. Schreiben wurde in der *Danziger Trilogie*[8] zum entscheidenden Versuch, Schuld abzuarbeiten. Oskar in der *Blechtrommel* schrieb, Pilenz in *Katz und Maus* ebenso, in den *Hundejahren* sind es gleich drei Erzählende und Schreibende. Schließlich erhielt auch der Erzähler in der Novelle *Im Krebsgang* einen Schreibauftrag von einem „Jemand, der keine Ausreden mag" (7); eine Novelle allerdings wollte er nicht schreiben, nur einen „Bericht" (123). Der „Jemand", der „Alte" (99) - der nicht identisch mit Günter Grass, sondern eine fiktionale Figur mit Zügen des Schriftstellers ist - sieht in dem Text „das Zeug zur Novelle", aber das interessiert den Erzähler nicht.
Der vorliegende Kommentar wurde nicht überarbeitet, weil Grass ein Geheimnis preisgab - das hat mit einem Kommentar zu einem literarischen Text wenig zu tun –, sondern wegen der neuen Informationen, die Grass in seiner Autobiografie zu den Entstehungsgeschichten seiner Werke und deren Verzahnung im gesellschaftlichen Leben ihrer Zeit gegeben hat. Nirgends ergab sich dabei ein Widerspruch zu dem bereits vorliegenden Kommentar, aber oft unterstrichen Grass' intensive Schilderungen die Erkenntnisse mit bildhaft auffälligen Erlebnissen. Der Kommentar wurde außerdem bio-bibliografisch auf den neuesten Stand gebracht. Er will das Werk auf seinem historischen Hintergrund beschreiben. Aufmerksamkeit gehört der literarischen Methode Grass' sowie der Stellung und Beziehung der Novelle zur *Danziger Trilogie*.

8 Für die Überarbeitung des Kommentars stand das unveröffentlichte „Protokoll des Übersetzertreffens in Gdańsk 10.–19. 06. 2005", © Hilke Ohesoling und Helmut Frielinghaus, zur Verfügung, wofür dem Steidl Verlag und Günter Grass gedankt wird. Es bestätigte zahlreiche Feststellungen und Aussagen des Kommentars.

1. Günter Grass: Leben und Werk

1.1 Biografie

Jahr	Ort	Ereignis	Alter
1927	Danzig	Günter Grass wird am Sonntag, dem 16. Oktober, in Danzig-Langfuhr als Kind eines deutschen protestantischen Vaters und einer kaschubischen katholischen Mutter geboren. Die Eltern haben ein Kolonialwarengeschäft.	
1933–44	Danzig	Er besucht die Volksschule, 1937 das Real-Gymnasium *Conradinum.* Seit 1937 im Deutschen Jungvolk (DJ).	6–17
1943/44	Danzig	Luftwaffenhelfer, Reichsarbeitsdienst.	16–17
1944	Dresden	September: Den Marschbefehl zur Waffen-SS-Division „Jörg von Frundsberg" verstand der für das Dritte Reich begeisterte Grass als Kommando in eine „Eliteeinheit"[9]. Ausbildung zum Panzerschützen auf einem Truppenübungsplatz in Böhmen.	16

9 Günter Grass: *Beim Häuten der Zwiebel.* Göttingen: Steidl Verlag Verlag, 2006, S. 126, im Weiteren zitiert als: *Zwiebel* und Seitenangabe

Jahr	Ort	Ereignis	Alter
1945		Ende Februar: Vereidigung; Verlegung nach Weißwasser.	17
	Cottbus	Als Soldat (Panzerschütze) am „Kriegsgeschehen" (*Zwiebel*, S. 150) beteiligt, „als Freiheit von der Schule mißverstanden"[10].	
	Marienbad	April: Verwundet, in Meißen und Marienbad medizinisch versorgt und im Lazarett. In	
	Grafenwöhr Bad Aibling	der Oberpfalz und in Bayern in amerikanischer Kriegsgefangenschaft: besucht einen Kochkurs.	
1946	Kreis Bergheim/Erft	Arbeit auf einem Bauernhof.	19
1946–48	Saarland	Landarbeiter, Koppeljunge unter Tage in einem Kali-Bergwerk. Er ist unterwegs in verschiedenen Besatzungszonen. Die Nürnberger Prozesse öffneten ihm die Augen über den Nationalsozialismus. „Mir fiel es schwer, haltbar Partei zu ergreifen" (*Zwiebel*, S. 256).	19–21
1947	Düsseldorf	Auf Rat Prof. Enselings Lehre als Steinmetz.	20
1948–52	Düsseldorf	Studium an der Kunstakademie (Bildhauerei und Grafik;	21–25

10 Grass: *Zeuge*, S. 196

Jahr	Ort	Ereignis	Alter
		Lehrer: Sepp Mages und Otto Pankok).	
1951–52	Lenzburg/ Schweiz	Reisen nach Italien und Frankreich. Bekanntschaft mit der Schweizer Ballettstudentin Anna Schwarz.	24–25
1953–56	Berlin	Studium an der Hochschule für Bildende Künste (Schüler Karl Hartungs, der ihn für einen seiner „begabtesten Schüler" hält.[11]). Er heiratet 1954 Anna Schwarz und hat mit ihr (1957–65) vier Kinder. Tod der Mutter am 24. 1. 1954.	26–29
1955	Berlin	Erste Veröffentlichungen. Auszeichnung: 3. Preis in einem Lyrikwettbewerb des Süddeutschen Rundfunks. Eine wesentliche Folge ist, dass er zur Gruppe 47 eingeladen wird.	28
	Bebenhausen	Im Oktober liest er mit großem Beifall bei der Gruppe 47 in Schloss Bebenhausen bei Tübingen und gewinnt Walter Höllerer zum Freund.	
1956	Paris	Umzug: Grass besucht mehrfach Heines Grab, Freundschaft mit Paul Celan.	29
	Stuttgart	Erste Ausstellung von Plastiken und Grafiken.	

11 Vgl. Arker, S. 7

Jahr	Ort	Ereignis	Alter
1958	Großholzleute/ Allgäu	Preis der Gruppe 47 für *Die Blechtrommel*. Reise nach Polen: Nach vierzehn Jahren des Wegseins recherchiert Grass wichtige Orte und Vorgänge in Danzig vor Ort.	31
1959	Bremen	*Die Blechtrommel* erscheint. Der Senat der Stadt Bremen verweigert den von einer Jury zuerkannten Literaturpreis.	32
1960	Berlin	Rückkehr von Paris, erneut Reise nach Polen.	33
1961	Leipzig	Grass liest am 21. März als Gast Hans Mayers aus *Die Blechtrommel* im berühmten Hörsaal 40 der Leipziger Universität. Grass nimmt im Mai am V. Schriftstellerkongress der DDR teil. Begegnung mit Willy Brandt, Beginn des Engagements für die SPD. Arbeitet mit Egon Bahr an Reden für Brandt. Gemeinsam mit Wolfdietrich Schnurre protestiert Grass beim Schriftstellerverband der DDR gegen die Schließung der Grenze am 13. August 1961. Die Novelle *Katz und Maus* erscheint.	33
1963	Berlin	Aufnahme in die Akademie der Künste. Mit dem Roman *Hundejahre* wird die *Danziger Trilogie* abgeschlossen.	36

Jahr	Ort	Ereignis	Alter
1964	USA	Reise. (1965 Ehrenpromotion durch das Kenyon College.)	37
1965		Bundestagswahlkampf für die SPD in 52 Veranstaltungen.	38
	Darmstadt	Georg-Büchner-Preis.	
	Düsseldorf	Am 3. 10. werden am Rheinufer von Mitgliedern des Evangelischen Jugendbundes für entschiedenes Christentum mit Genehmigung des Ordnungsamtes Bücher verbrannt, darunter Bücher von Erich Kästner, Camus und Grass.	
	Berlin	Auf Grass' Wohnung wird ein Brandanschlag verübt.	
1966	USA	Tagung der Gruppe 47 in Princeton. – Mehrere Reisen.	39
1967	Israel Nürnberg	Reise. – Rede auf dem SPD-Parteitag in Nürnberg.	40
1968	Meißen	Mai: In der DDR wird das *Meissner Tedeum* des Komponisten Wolfgang Hufschmidt mit Texten von Günter Grass aufgeführt.	40
	Lübeck	28. 9.: Grass stellt die von ihm gegründete „Stiftung zugunsten des Romavolkes" vor.	
1968–69		Fontane-Preis u. a. Preise. Mehrere Reisen. Wahlkampfreise für die SPD mit 190 Veranstaltungen.	41–42

Jahr	Ort	Ereignis	Alter
1970	Warschau	Reise mit Willy Brandt zur Unterzeichnung des Deutsch-Polnischen Vertrages.	43
1971	Nürnberg	Rede zum Dürer-Jahr. Reisen nach Tansania und Israel.	44
1972	Wewelsfleth	Kauf eines Hauses in Schleswig-Holstein. Bundestagswahlkampf für die SPD mit 129 Veranstaltungen.	45
1973	Israel	Reise mit Willy Brandt.	46
1974		Austritt aus der katholischen Kirche.	47
1975	Indien	Reise.	48
1976		Teilnahme am Bundestagswahlkampf der SPD.	49
1978	Berlin	Stiftung des Alfred-Döblin-Preises „aus einem überschüssigen Teil" der Buchhonorare.[12] Scheidung von Anna Grass, von der er sich bereits 1972 getrennt hatte. Reisen in Asien. Verfilmung der *Blechtrommel* unter Volker Schlöndorff.	51
1979	Cannes	Hohe Auszeichnungen, darunter die Goldene Palme der Filmfestspiele für den Film *Die Blechtrommel*. Eheschließung mit der Hiddenseer Organistin Ute Grunert.	52

12 Günter Grass: *Wider die regionale Zerstreuung*. Rede zur Verleihung des Alfred-Döblin-Preises 1997. In: NDL (neue deutsche literatur), Berlin 1997, Heft 5, S. 183

Jahr	Ort	Ereignis	Alter
1982		Eintritt in die SPD.	55
1983	Berlin	Präsident der Akademie der Künste.	56
1984	Hamburg	Umzug, ohne sich in Hamburg wohlzufühlen, bereits	57
1986	Behlendorf	Kauf einer Gründerzeitvilla in Holstein.	58
1986–87	Indien	Aufenthalt in Kalkutta.	59–60
1989	Berlin	Austritt aus der Akademie der Künste wegen deren mangelnder Solidarität mit Salman Rushdie.	62
1990	Frankfurt	Gastdozentur für Poetik.	63
1992		Austritt aus der SPD.	65
1993	Danzig/ Gdańsk	Ehrendoktor der Universität, Ehrenbürger der Stadt.	66
1994		Zahlreiche Auszeichnungen, darunter der Große Literaturpreis der Bayerischen Akademie der Schönen Künste.	67
1996		Auszeichnungen, darunter der dänische Sonning-Preis, der Fallada-Preis, die Hermann-Kesten-Medaille und im Mai der Thomas-Mann-Preis.	69
1997	Göttingen	Februar: Samuel-Bogumil-Linde-Literaturpreis für Verdienste um die deutsch-polnische Verständigung.	69
	Frankfurt	Oktober: Laudatio auf den Friedenspreisträger des Deutschen	70

Jahr	Ort	Ereignis	Alter
		Buchhandels Yasar Kemal; Angriffe konservativer Kräfte.	
	Oklahoma City	Nach Richterbeschluss beschlagnahmt die Polizei Videos der Verfilmung der *Blechtrommel*, die als pornografisch eingestuft wurde. 1999 müssen Stadt und Justizbehörden deshalb 575.000 Dollar Entschädigung zahlen.	
1998	Lübeck	Januar/Februar: 6 Vorlesungen im Zentralklinikum der Universität Lübeck „Werkstattbericht des Schriftstellers und Graphikers".	70
	Berlin	10. Mai: Wiederaufnahme in die Akademie der Künste.	
1999	Tübingen	Poetik-Dozentur.	72
	Oviedo	Als erster nicht-spanischer Autor erhält Grass den Prinz-von-Asturien-Preis für seinen Einsatz für Freiheit und Demokratie.	
	Stockholm	**Literaturnobelpreis.**	
	Lübeck	18. Dezember: I. Internationales Günter Grass Kolloquium.	
2000	Hamburg	*Mein Jahrhundert* (dramatisiert, UA, Regie: Horst Königstein).	73
	Bremen	Gründung der Günter-Grass-Stiftung: Sie wird Bild- und Tonbeiträge sammeln, systematisieren und erschließen.	

Jahr	Ort	Ereignis	Alter
	Behlendorf	Bundeskanzler Schröder besucht Grass; er will den Dialog zwischen Politik und Künstlern wiederbeleben.	
2001	Lübeck	Vertrag über die Gründung eines Günter-Grass-Hauses, in dem das Werk zugänglich gemacht werden soll.	74
	Berlin	Herbst: Gemeinsam mit zahlreichen Künstlern veröffentlicht Grass eine Erklärung gegen den Einsatz deutscher Truppen in Afghanistan und gegen einen „Totalitarismus neuer Art".	
2002		**5. Februar: Veröffentlichung der Novelle *Im Krebsgang*.**	74
	Halle	21. März: Grass hält die Rede zur Gründung einer Nationalstiftung, die er 1973 angeregt hatte: „Gut Ding braucht Weile heißt eine Schneckenweisheit."[13]	
	Leipzig	21. März: erstmalige Verleihung des *Bücher-Butts*, des Deutschen Bücherpreises, durch Grass an Christa Wolf u. a. Der Preis wird 2004 eingestellt.	
	Lübeck	20. Oktober: Eröffnung des Günter-Grass-Hauses, in dem das	75

13 Günter Grass: *Nach dreißig Jahren*. In: Mitteldeutsche Zeitung, Halle, vom 22. März 2002, S. 31

Jahr	Ort	Ereignis	Alter
		Werk (Wort- und Bildkunst) zugänglich gemacht werden soll.	
2003	Göttingen	Gedichtband *Letzte Tänze*[14], der heftig kritisiert und als „Abstieg in die Niederungen pseudopubertärer Alterslyrik" bezeichnet wird.	76
2005	Berlin	Ehrendoktor der FU.	78
	Indien	Erneuter Aufenthalt in Kalkutta und anderen Orten.	
		In einem aufsehenerregenden Aufsatz in der ZEIT beschreibt Grass, wie 1945 die Vergangenheitsbewältigung scheiterte und „viele ehemaligen Nationalsozialisten den angestammten Besitz wahrten" und nach 1989 die neue Einheit Deutschlands „nur auf dem Papier zu finden" sei.[15]	
	Lübeck	1. Treffen der „Lübecker Gruppe 05" nach dem Vorbild der „Gruppe 47" für jüngere Schriftsteller, u. a. Thomas Brussig, um die Generationen miteinander ins Gespräch zu bringen und sich politisch einzumischen.	

14 In einem Interview betonte Grass, dass er den Band Lyrik als Reaktion auf die Novelle *Im Krebsgang* sehe: „Der Stoff der Novelle hatte mich lange beschäftigt, er hatte etwas Bedrückendes. Abgesehen davon, dass ich nach einer Prosaarbeit immer gern das Handwerkszeug und auch die Form wechsle, hatte ich in diesem Fall das Bedürfnis, etwas Heiteres zu machen." *„Siegen macht dumm"*. In: Der Spiegel 2003, Nr. 35, S. 141

15 Günter Grass: *Freiheit nach Börsenmaß*. In: DIE ZEIT vom 4. Mai 2005, Nr. 19, S. 1–2

Jahr	Ort	Ereignis	Alter
2006	Lübeck	Grass bereitet seine Autobiografie *Beim Häuten der Zwiebel* vor. Das darin enthaltene Bekenntnis, in der Waffen-SS gedient zu haben, findet anfangs keinerlei Aufmerksamkeit. Erst ein Interview in der FAZ erregt die Gemüter: Grass erklärt, 1944 in die Waffen-SS eingezogen worden zu sein. Heftige Reaktionen der Presse, zahlreicher Kollegen und eines polarisierten Publikums: „Hoch geehrt und heiß umstritten – Günter Grass polarisiert."[16] Zahlreiche ehemalige Kriegsteilnehmer bestätigen mit der Beschreibung ihrer Schicksale die Aussagen von Grass. Kurz nach Erscheinen wird die Übersetzung der Autobiografie in 30 Sprachen vorbereitet (u. a. USA, China, Japan, Israel und Russland); die Übersetzer treffen sich zum Jahresende 2006 zu gemeinsamer Beratung in Lübeck.	79
2007		Februar: *Dummer August* (Gedichte): Reaktion auf die Angriffe vom August 2006. Erklärt, er	79

16 Uta Trinks: *Ungebrochene Anziehungskraft*. In: Freie Presse vom 12. Dezember 2006

Jahr	Ort	Ereignis	Alter
		habe in dieser Zeit darüber nachgedacht, das Land zu verlassen.	
	New York	Juni: Gemeinsam mit Norman Mailer Auftritt in der berühmten Public Library.	
	Danzig	Oktober: Feiern zum 80. Geburtstag mit Konferenz, Ausstellung, Konzert und einem Theaterstück nach Motiven aus der *Blechtrommel*. Auf Polnisch erscheint *Beim Häuten der Zwiebel*.	80
	Göttingen	In der Göttinger Lokhalle begehen 2500 Gäste, der NDR und der Steidl Verlag den Geburtstag des Jubilars. Durch das Programm führt Caren Miosga.	
	Lübeck	Festakt zum Jubiläum in Anwesenheit des Bundespräsidenten. Laudator: Juli Zeh.	

1.2 Zeitgeschichtlicher Hintergrund

(Vergleiche dazu auch Königs Erläuterungen und Materialien, Band 159 *Günter Grass. Die Blechtrommel,* S. 15 ff., Band 162 *Günter Grass. Katz und Maus,* S. 16 ff. und 46 ff. und Band 442 *Günter Grass. Hundejahre,* S. 16 ff. und 33 von Rüdiger Bernhardt)

Die Novelle spannt sich vom Jahr 1936 bis 1999. Sie spielt im nationalsozialistischen Deutschland, in den Besatzungszonen nach 1945, in den beiden 1949 gegründeten deutschen Staaten und im vereinten Deutschland nach 1990. Dieser sehr große historische Hintergrund, der in Details (Geburt Wilhelm Gustloffs, Tullas Eltern u. a.) bis ins ausgehende 19. Jahrhundert reicht, wurde für die Novelle nutzbar gemacht, indem der geschichtliche Abriss **auf drei Generationen einer Familie projiziert** wurde. Am Beispiel einer Familiengeschichte wurde Nationalgeschichte behandelt. Konstruktionen, Zufälle und auch kolportagehafte Elemente waren notwendig, um den Geschichtsverlauf auf Fixpunkte zu reduzieren, die sich auch für die Familiengeschichte nutzen ließen. Der wichtigste Fixpunkt ist das Jahr 1945.

Das Marineoberkommando Ost, zu dem das vormalige KdF-Schiff *Wilhelm Gustloff* (s. S. 68 dieser Erläuterung) gehörte und das als Truppentransporter, später als Lazarett- und schließlich als Wohnschiff der 2. U-Boot-Lehrdivision *Wilhelm Gustloff* eingesetzt wurde, hatte am 27. Januar 1945

Rückzug

Sicherungsaufgaben vorgegeben, die sich auf den deutschen Rückzug konzentrierten: Zu sichern seien Kurlandtransporte, Transporte aus Memel und aus Elbing sowie der schwere Kreuzer *Admiral Hipper*. Der *Hipper* traf zwar am Unfallort der *Gustloff* ein, konnte aber wegen seiner hohen Aufbauten die im Wasser Treibenden nicht bergen und musste, da er angegriffen wurde, den Untergangsort unverrichteter Dinge verlassen. In den letzten drei Januartagen 1945 konzentrierte sich die deutsche Marineführung auf den Durchbruch des XXVIII. Armeekorps, um es gegen die Königsberg bedrängenden sowjetischen Truppen einzusetzen. So kam es zum unkontrollierten Flüchtlingsstrom auf die in Gotenhafen (so nannten die Nazis Gdynia oder Gdingen) liegende *Wilhelm Gustloff*. Selbst die anfangs noch von den auf der *Gustloff* kasernierten Marinehelferinnen angefertigten Listen der Flüchtlinge erfassen nur die ersten Tage des Flüchtlingsstroms, dann waren Kladden und Papier zu Ende.[17] Bereits im November 1944 hatte die nationalsozialistische Regierung die Ostsee zum Operationsgebiet erklärt und angeordnet, auf alles zu feuern, was sich bewege. Damit hatte sie auch dem Gegner diese Möglichkeit eingeräumt.

Geschichte des Untergangs der *Wilhelm Gustloff* wurde im Deutschen Reich nicht bekannt gegeben

Die „verfluchte Geschichte" (31) des Untergangs der *Wilhelm Gustloff* wurde im Deutschen Reich nicht bekannt gegeben, das hätte „der Durchhaltestimmung schaden können" (153). Nach 1945 wurde sie in beiden deutschen Staaten verdrängt. Im Westen war sie ein Beispiel für die katastrophale Niederlage des deutschen Nationalsozialismus und die von ihm verursachten sinnlosen Opfer, im Osten war sie ein Beispiel für eine berechtigte, aber wenig heldenhafte Kampfhandlung der Roten Armee.

Wie in allen früheren Werken Grass' sind einige Personen, Orte, Vorgänge und historische Ereignisse der Novelle authentisch. Sie nutzt einen „Handlungsstrang, der mit der Stadt Danzig und deren Umgebung verknüpft" (77) ist und dadurch eigentlich „seine Sache" (77), die Sache des Alten und Jemand,

17 Vgl. Schön, S. 11 f.

sei, der Züge Günter Grass' trägt. Der aber drängt einen anderen, „als Person von eher dürftigem Profil" (78), zu dem Bericht, weil er aufgrund der Umstände seiner Geburt, die während des Untergangs der *Wilhelm Gustloff* stattfand, dafür geeigneter sei.

Das staatliche und politische Gebilde des **Freistaates „Freie Stadt Danzig"** mit eigener Staatsangehörigkeit und eigener Währung ging mit dem Ausbruch des Zweiten Weltkrieges am 1. September 1939 zu Ende. Es wird in der Novelle an Danzig-Langfuhr, den Geburtsort von Günter Grass und Ort der elterlichen Kolonialwarenhandlung, erinnert. Gegenüber Danzig-Neufahrwasser lag die Westernplatte, die am 1. September 1939 durch den deutschen Panzerkreuzer *Schleswig-Holstein* beschossen wurde. Es begann der Zweite Weltkrieg. Am 30. Januar 1945 sank die *Wilhelm Gustloff* auf der Höhe von Stolpmünde; das war kurz vor dem Ende des Zweiten Weltkrieges. Tausende starben in der eisigen Ostsee; die Zahlen schwanken in den authentischen Dokumentationen.[18] Grass' Erzähler stellt fest, die „Zahl der Toten und Überlebenden" sei von Auflage zu Auflage von Schöns Buch steigend (62).

Grass' Bericht in *Beim Häuten der Zwiebel*, er habe im September 1944 einen Marschbefehl zur Waffen-SS erhalten, sei im Februar/März an die Ostfront gekommen, die bei Weißwasser, Forst und Muskau verlief, und die Erlebnisse des Jungen in den letzten Monaten des Zweiten Weltkrieges gehören zum zeitgeschichtlichen Hintergrund der Novelle: von den „zerfetzte(n) Körper(n)" (*Zwiebel*, 143) bis zur eigenen Verwundung und Gefangennahme. Der junge Grass, „siebzehnjähriger Dummkopf, der bis zum Schluss an den Endsieg ge-

18 In Heinz Schöns *Die Gustloff-Katastrophe* gibt eine Vorbemerkung an: „mehr als fünftausend Menschen" fanden den Tod (S. 2), der ehemalige Kapitän der *Gustloff* spricht von „fast fünftausend Toten" (ebd., S. 9), das Vorwort zur 5. Auflage ist überschrieben „*Gustloff*-Katastrophe forderte 9343 Todesopfer" (ebd., S. 10).

glaubt hatte"[19], sah zu Jahresbeginn 1945 „die *Wilhelm Gustloff*, drei Tage bevor sie sank. Ich schrieb kein Wort darüber."[20] Er war ein ebenso verführter und verblendeter Jugendlicher wie es später sein gleichaltriger Konrad Pokriefke werden sollte. Dessen Satz „Ich habe geschossen, weil ich ein Deutscher bin" (189), war Ausdruck dieser Verblendung. Nicht nur um die Wiederholung nationalsozialistischer Ansichten ging es in der Novelle, sondern auch um die vorhandenen und angewendeten Methoden der Verführung. Insofern wurde die Autobiografie *Beim Häuten der Zwiebel* (2006) zu einem Kommentar zur *Danziger Trilogie* und zu der Novelle *Im Krebsgang*. In diesem Kommentar wird das „Nach-Denken der frühen Verblendung ... intensiv betrieben, warum haben wir uns so verhalten."[21]

Grass beschrieb in der Autobiografie seine Zeit in der Waffen-SS genauer, aber ein Geheimnis hatte er daraus nicht gemacht. Dass er dieses Detail in seiner Biografie unterschlagen habe, war eine **Unterstellung der Presse**. Wenige Tage nach seiner Erklärung konnten die Leser in Zeitungen und Zeitschriften die „Vorläufige Erklärung" des Kriegsgefangenen Grass von 1945 lesen, in der er als Truppeneinheit „SS-Pz-Div. Frundsberg" angegeben hatte[22]; sie war verfügbar. Freunde bestätigten, dass Grass bis 1963 keineswegs „verschwiegen (hat), dass er in der SS war"[23], und begründeten, warum er danach nicht mehr darüber gesprochen habe: So hätten sich die genauen Kenntnisse von den letzten Kriegstagen im Be-

19 Grass: *Freiheit nach Börsenmaß*, S. 1

20 Günter Grass: *Mein Jahrhundert*. Göttingen: Steidl Verlag, 1999, S. 162

21 Klaus Walther: *Schicht auf Schicht lagert die Zeit*. In: Freie Presse vom 2./3. September 2006, S. A 20

22 Die Abbildung in Der Spiegel 2006, Nr. 34 (21. August), S. 49, wurde begleitet von Tageszeitungen, z. B. der Mitteldeutschen Zeitung (19./20. August 2006)

23 Klaus Wagenbach: *Günter Grass hat nichts verschwiegen*. In DIE ZEIT Nr. 18 vom 26. April 2007, S. 50. Vgl auch: Jens Jessen: *Und Grass wundert sich*. In: DIE ZEIT Nr. 34 vom 17. August 2006, S. 1

wusstsein der Zeitgenossen allmählich verloren und die Waffen-SS, zu der Grass wenige Monate vor Kriegsende kommandiert worden war, wurde mit der SS schlechthin gleichgesetzt. Seriös arbeitende Journalisten erinnerten an Belege, in denen Grass auch nach 1963 seine Mitgliedschaft in der Waffen-SS nicht verschwiegen hatte[24], und literaturwissenschaftliche Kommentare, wie der vorliegende, hatten sich, alle vorhandenen Indizien berücksichtigend, in der früheren Fassung auf keine militärische Einheit festgelegt, sondern vom „Panzerschützen" gesprochen.
Zum zeitgeschichtlichen Hintergrund der Novelle gehört der Umgang mit solcher Vergangenheit. Martin Walser erklärte das Schweigen Grass' treffend, es herrsche in Deutschland

> *„kein Klima, das einlädt, mit sich selbst freimütig abzurechnen und entspannt darüber zu sprechen, was einem passiert ist. Es ist ein Klima der Vergiftungen, der schnellen Verdächtigungen und des Rufmordes."*[25]

Die Mehrzahl der Zeitgenossen des Schriftstellers, die wie er mit siebzehn Jahren eingezogen worden waren, bestätigten in Leserbriefen und Gesprächen seine Aussagen, dass es zu dieser Zeit keine Freiwilligkeit mehr gab: „Da wurde keiner gefragt, ob er einverstanden war."[26] Andererseits waren unheilvolle Verstrickungen in die nationalsozialistische Politik und auch nachweisbare Täterschaft im Dritten Reich nach 1949 keine Gründe, um Laufbahnen bis zu hohen Regierungsämtern zu verhindern.

---

24 Christian Eger: *Du bist schuld und du am allermeisten*. In: Mitteldeutsche Zeitung vom 2. September 2006, S. 29

25 *Stimmen*. In: Freie Presse vom 19./20. August 2006, S. A 16

26 *SS-Bekenntnis von Grass*. Leserbrief von Erich Langer (Chemnitz). In: Freie Presse vom 23. August 2006, S. 20

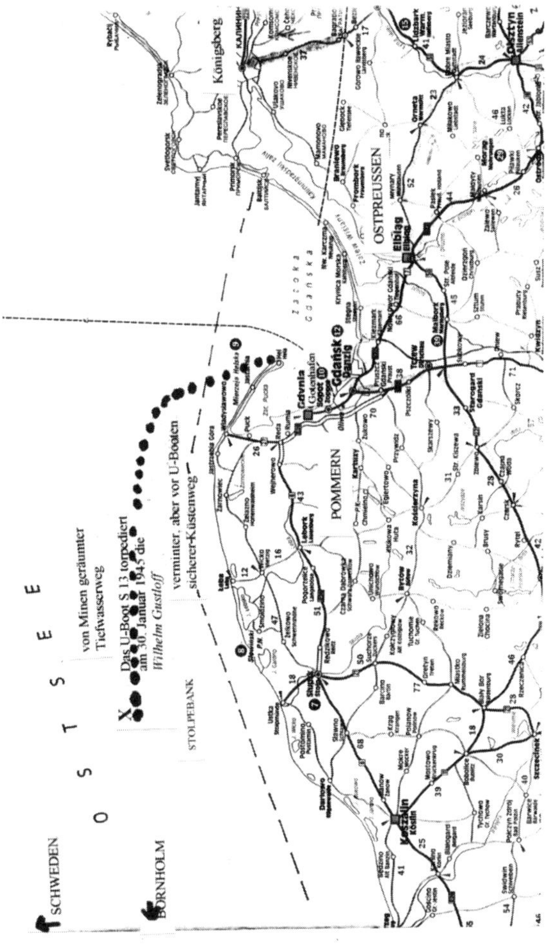

Untergangsort der *Wilhelm Gustloff*

Mit der Geschichte der *Wilhelm Gustloff* und dem Schicksal Paul Pokriefkes führte Grass ein Thema weiter, das ihn von Beginn an beschäftigt hatte: Millionen Deutsche verloren ihre Heimat, wurden vertrieben und verjagt, nachdem der deutsche Faschismus die Welt mit Terror, Völkermord und anderen Verbrechen überzogen hatte. Etwa 14 Millionen Deutsche mussten die Tschechoslowakei, Polen und andere Länder verlassen. Grass' hatte derartige Schicksale schon in seinem Roman *Die Blechtrommel* verfolgt; sein Oskar Matzerath war ein solcher Flüchtling. Aber diese Thematisierung hatte trotz des Bucherfolgs nicht jene Wirkungen, wie sie der Aufklärer Grass wollte: Die **Flüchtlinge, Vertriebenen, Umsiedler** – die Begriffe stehen aus unterschiedlicher Sicht für den gleichen Vorgang – fanden in Verbänden eine Vertretung, die deutsche Verbrechen und Schuld gegen daraus folgende Schuld aufrechnete und schließlich den Anlass für Vertreibung und Flucht aus den Augen verlor. Mehr als fünfzig Jahre nach dem Ende des Zweiten Weltkrieges brach das Thema der Vertreibung, teils vergessen, teils historisch geworden, wieder auf. Darauf reagierte Grass mit der Novelle. Parallel zur ausführlichen und widersprüchlichen Beschäftigung mit der Novelle nahm die Diskussion um dieses Thema in der Öffentlichkeit noch zu[27], bedingt auch durch die damals anstehenden Aufnahmen der osteuropäischen Nachbarn Deutschlands in die EU, und die Novelle wurde in

Vertreibung

Diskussion in der Öffentlichkeit

27 Vgl. die vierteilige Serie zu „Flucht und Vertreibung" in *Der Spiegel*, Nr. 13–16, 2002. Zu Beginn der Serie bezogen sich die Verfasser unmittelbar auf Grass' Novelle (vgl. Nr. 13, S. 37). Der Serie folgten Leserbriefe (Nr. 17–18). Vgl auch Eva und Hans Henning Hahn: *„Wir wollen heim ins Reich!" Die Sudetendeutsche Landsmannschaft und ihre ungeklärte Tradition*. In: DIE ZEIT vom 14. Februar 2002, Nr. 8, S. 90, diess.: *Frieden machen mit den Folgen des Krieges – Edvard Benes und seine Dekrete – ein (sudeten-)deutsches Problem*. In: Berliner Zeitung vom 20. 3. 2002 und die dazu geführte kontroverse Diskussion (Sudetendeutsche Zeitung vom 19. April 2002; Deutsch-Tschechische Nachrichten, Nr. 39/2002 u. v. a.)

dieses Umfeld einbezogen. Dass Grass das Thema jetzt so nachdrücklich an die Öffentlichkeit brachte, lag nicht an einer neuen Sicht des Schriftstellers auf das Thema Vertreibung, sondern weil „die eigene Schuld übermächtig und bekennende Reue in all den Jahren vordringlich gewesen sei", aber man durch Schweigen „das gemiedene Thema den Rechtsgestrickten überlassen" (99) hätte. Für Grass ist nach dem Zerfall der Sowjetunion zur Jahrtausendwende eine vergleichbare Situation entstanden:

> *„... wenn mit der Freiheit das Elend kommt und sich Flüchtlingsströme der neuerlichen Völkerwanderung beimischen, wenn die Geschichte wiederum in katastrophale Schieflage abkippt und sich der Kapitalismus, als letztlich gebliebene Ideologie, in globalem Irrationalismus verflüchtigt, ... dann steht die Literatur hoch im Kurs. Sie lebt von Krisen."*[28]

Günter Grass hat **seismografisch Stimmungen und Entwicklungen in der deutschen Gegenwart** erfasst. Der Mord des Schülers Konrad Pokriefke an Wolfgang (David) Stremplin (175) erscheint wie eine warnende Vorwegnahme der Morde im Erfurter Gutenberg-Gymnasium am 26. April 2002 und ähnlicher Ereignisse. Der Mord Konrads, durchgeführt „wie einst in Davos der Jude Frankfurter" (175), führt bei Tulla Pokriefke zur Rechtfertigung des Mörders, der nicht habe wissen können, „daß dieser David ain falscher Jud is. Ainer, der sich ond andere was vorjemacht hat, wenner sich bai jede Jelegenhait wien ächter Jud aufjefiehrt" (182) habe; als richtiger Jude wäre David also berechtigt gestorben. Den latenten Antisemitismus in Deutschland, um den seit Mai 2002 heftiger debattiert wird, nachdem die Auseinandersetzung schon seit Martin Walsers Rede bei der Verleihung des Friedenspreises

---

28 Günter Grass: *Fortsetzung folgt... Literatur und Geschichte*. Göttingen: Steidl, 1999, S. 59 f.

des Deutschen Buchhandels (1998) schwelte, hat Grass in Menschen wie Tulla Pokriefke gefunden.
Günter Grass betrachtet die teilweise und zeitweise Verdrängung der Flüchtlingsproblematik als „bodenloses Versäumnis"[29], weil sich durch diese Verdrängung immer noch nicht Erfahrungen niedergeschlagen und zu Haltungen geführt haben, wie es notwendig wäre. Seine Novelle warnt vor einer sehr gegenwärtigen verbrecherischen Vergangenheit, gebunden an „sogenannte Vorgestrige", aber auch an „frischgebackene Jungnazis" (8), wie selbst Grass' opportunistischer Erzähler bemerkt. Grass bestätigte ihn und gab als Grund für seine Novelle an, „darzustellen, wie irregeführt heute junge Menschen auf die Geschichte reagieren"[30].
Inzwischen ahnt der Leser bei der Lektüre von *Beim Häuten der Zwiebel*, dass das Schicksal Konrad Pokriefkes als eine aktualisierte Variation des Grass-Schicksals von 1944 gelesen werden kann. Obwohl alles in diesen letzten Wochen des Krieges aus den Fugen geriet, bemühte sich der junge Grass in seiner Verblendung und Hoffnung auf den Endsieg, „eine Aufgabe zu erfüllen" (*Zwiebel*, S. 153), so wie Konrad fünfzig Jahre später seinen Mord begründete, er habe nie einen wirklichen Juden gesehen, aber: „Für meinen Entschluß war das nicht relevant. Ich schoß aus Prinzip." (182)

29 *Der Spiegel*, Nr. 13, S. 37
30 Grass, *Falsche Folklore* (Gespräch), S. 21

1.3 Angaben und Erläuterungen zu wesentlichen Werken

Die Banalität des Bösen als alltäglichen Vorgang beschrieben zu haben, ist Günter Grass' Verdienst in der *Danziger Trilogie*:

1959 ***Die Blechtrommel*. Roman.**
1961 ***Katz und Maus*. Eine Novelle (spielt im Umfeld der *Blechtrommel* und hat ein ähnliches Figurenensemble, darunter Tulla).**
1963 ***Hundejahre*. Roman (Abschluss der *Danziger Trilogie* und Reflexion der früheren Teile; Tulla ist eine Hauptgestalt).**

Bezugnahme auf die *Danziger Trilogie* in weiteren Werken:

1969 *örtlich betäubt*. Roman (Erinnerungen an Figuren aus der *Danziger Trilogie*).
1972 *Aus dem Tagebuch einer Schnecke* (wichtige Aufschlüsse zur Geschichte Danzigs zwischen 1933 und 1939).
1986 *Die Rättin*. Roman (Die Geschichte Oskar Matzeraths wird in einem Handlungsstrang fortgesetzt und abgeschlossen, Oskar ist nun 60 Jahre alt. Vom Untergang der *Gustloff* wird berichtet.).
2002 ***Im Krebsgang*. Eine Novelle.**

Die Novelle *Im Krebsgang* steht in einem engen Zusammenhang mit dem Roman *Hundejahre* und der Novelle *Katz und Maus*. Sie nutzt deren Ereignisse, verweist auf beide Werke und setzt Handlungsstränge fort. Ohne die Kenntnis dieser Werke ist das Verständnis der Novelle nur bedingt möglich. Sie erweitert die *Danziger Trilogie* zu einer ***Danziger Tetralo-***

gie. Gleichzeitig mutet der Wechsel von Roman und Novelle wie eine Methode an: dem Hauptstrang der Romane folgt die Abweichung in den Novellen.

Die Autobiografie *Beim Häuten der Zwiebel* (2006) gibt für die Werke des Schriftstellers Hinweise auf den Zusammenhang mit der Biografie von Günter Grass. Grass ließ Biografisches und Fiktives ineinander übergehen und so die Grenzen zwischen beiden Bereichen fließend werden: „Und weil der frühe Tod Tulla Pokriefkes nur vermutet werden konnte – <u>tatsächlich</u> (Auszeichnung nicht im Original, R. B.) wurde die Siebzehnjährige hochschwanger von Bord des sinkenden Flüchtlingsschiffes *Wilhelm Gustloff* gerettet –, stand sie, als endlich die Novelle *Im Krebsgang* reif zur Niederschrift war, als siebzigjährige Überlebende auf Abruf bereit. Sie ist die Großmutter eines rechtsradikalen Jungen, der im Internet seinen ‚Blutzeugen' feiert." (*Zwiebel*, S. 42 f.)

2. Textanalyse und -interpretation

2.1 Entstehung und Quellen

Die Entstehungsgeschichte ist relativ kurz, was die Niederschrift betrifft. Sie geht aber bis in die Anfänge des Grass'schen Schaffens zurück, verfolgt man das Thema. Grass macht in der Novelle darauf aufmerksam, wenn er mitteilen lässt: „...an Hinweisen auf das Schicksal der Pokriefkes, Tulla voran, habe es nicht gefehlt." (77) Das führt bis zum Roman *Die Blechtrommel* (1959) zurück. Die beiden Schefflers, Freunde von Oskar Matzeraths Mutter, fuhren auf dem KdF-Schiff *Wilhelm Gustloff* in Urlaub.[31] (KdF: Die am 27. November 1933 gegründete NS-Gemeinschaft „Kraft durch Freude" war als „Freizeitbewegung" die populärste Organisation im NS-Regime. Das Volkswagen-Projekt sowie Nah- und Fernreisen gehörten zu den wichtigsten Aktivitäten der Freizeitorganisation KdF, einer Unterorganisation der Deutschen Arbeitsfront (DAF). Mit dem umfassenden Wirken dieser Organisation sollte vorrangig die Arbeiterschaft in die „Volksgemeinschaft" integriert werden.) Später kamen die Schefflers auf einem KdF-Schiff, auf dem sie in letzter Minute nach Stettin oder Lübeck fliehen wollten, um. Es könnte die *Gustloff* gewesen sein. – Den Untergang selbst beschreibt Grass in Kürze im 11. Kapitel des Romans *Die Rättin* (1986): Am 30. Januar 1945 sinke die *Gustloff* zwölf Seemeilen querab Stolpmünde mit über fünftausend Menschen, die Ratten hätten das Schiff schon vor der Ausfahrt verlassen. Grass erwähnt an dieser Stelle wie auch an

Die Blechtrommel

Die Rättin

31 Günter Grass: *Die Blechtrommel*. Roman. München: dtv, 1999 (8. Auflage), identisch mit der Werkausgabe, Bd. 3 (Göttingen: Steidl Verlag), S. 67

anderer im Roman den Untergang der *Cap Arcona* und anderer Schiffe, auf der KZ-Insassen waren, unter ihnen der bekannte Schauspieler Erwin Geschonneck, der den Untergang der *Cap Arcona* überlebte. Die Schiffe wurden von britischen Typhoons angegriffen. Tausende kamen ums Leben. Erreichten sie schwimmend das Ufer, wurden sie von der SS erschossen. Beiläufig wird im 3. Kapitel auch von Oskar Matzerath mitgeteilt, dass Tulla Pokriefke mit der *Gustloff* Danzig verlassen haben soll und „draufgegangen" ist: „Tulla Pokriefke, ein mir bis heute gewärtiger Schrecken"[32].

Mein Jahrhundert

In *Mein Jahrhundert* (1999) wird von einem Kriegsberichterstatter, als Ich-Erzähler präsent und in der Mentalität Paul Pokriefke ähnlich, unter der Jahreseintragung *1945* vom Untergang der *Gustloff* berichtet, nur er „schrieb kein Wort darüber"[33]. Andeutungen und Kurzberichte über den Untergang des Truppentransporters *Wilhelm Gustloff* waren in Grass' Werk vorhanden, nur hatte keines der Bücher darüber ausführlich berichtet. So lassen sich erste Überlegungen bis 1959 zurückverfolgen. Die eigentliche Niederschrift vollzog sich in relativ kurzer Zeit 2001: „Rein dokumentarisch darüber zu schreiben, wäre nicht mein Metier gewesen, und damit hätte ich auch nicht das Komplexe der Geschichte zum Ausdruck bringen können. Es kam mir darauf an, die Erfahrungen dreier Generationen, der Tullas, ihres Sohnes und ihres Enkels, zu schildern und darzustellen, wie irregeleitet heute junge Menschen auf die Geschichte reagieren."[34] Zunehmend beschäftigte sich Grass um die Jahrtausendwende mit dem Erinnern an die Opfer; dazu sprach er 2000 auf Einladung des Goethe-Institutes in Vilnius und angeregt durch Czesław Miłosz, der die Vertriebenen-Geschichte der Polen

---

32 Günter Grass: *Die Rättin*. Reinbek bei Hamburg: Rowohlt, 1988, S. 83

33 Günter Grass: *Mein Jahrhundert*. Göttingen: Steidl, 1999, S. 162

34 Grass, *Falsche Folklore* (Gespräch), S. 21

ansprach.[35] In ihm fand Grass einen Gesprächspartner zu dem Thema.

So entwickelten sich über eine lange Zeit der Entstehung der *Danziger Trilogie* zahlreiche Ereignisse um Tulla Pokriefke, die keinen „frühe(n) Tod" starb, sondern „von Bord des sinkenden Flüchtlingsschiffes *Wilhelm Gustloff* gerettet" wurde und „als siebzigjährige Überlebende auf Abruf bereit" (*Zwiebel*, S. 43) für die Novelle stand. Wie intensiv und aufwendig Grass seine Studien betrieb, deutete er an: Er wusste „sechzig Jahre später" „jede Einzelheit der Katastrophe: die Temperatur, zwanzig Grad unter null, die Zahl der Torpedos, drei ..." (*Zwiebel*, S. 83; Punkte im Original). Die Niederschrift der Novelle vollzog sich ab dem ersten handschriftlichen Entwurf vom 17. Februar 2001 in neun Monaten.

Material wurde durch eine Recherche Olaf Mischers geschaffen, der deshalb im Impressum des *Krebsganges* genannt wird. Eine weitere Materialgrundlage und entscheidende Quelle ist Heinz Schöns[36] Dokumentation *Die Gustloff-Katastrophe* (1951, ^{6}2002); Heinz Schön tritt in der Novelle selbst auf und wird mehrfach genannt (96 ff.). Seine Dokumentation wurde von Grass, neben anderen Berichten und Dokumentationen, die erwähnt werden, ausgiebig und bevorzugt benutzt.

Heinz Schöns Dokumentation *Die Gustloff-Katastrophe*

35 ebd., S. 27. – Vgl. Günter Grass: *„Ich erinnere mich...". Rede im Rahmen der Litauisch-deutsch-polnischen Gespräche über die Zukunft der Erinnerung*. In: Günter Grass, Czeslaw Milosz u. a.: Die Zukunft der Erinnerung. Göttingen: Steidl, 2001

36 Heinz Schön (geb. 3. Juni 1926) war Zahlmeisterassistent auf der *Wilhelm Gustloff*. Grass verwendete Schöns Bericht *Die Gustloff-Katastrophe* (2002, 6. Auflage) als Material und beruft sich mehrfach darauf. Vgl. Anmerkung 22 und S. 88.

2.2 Inhaltsangabe

Um den Inhalt der in mehreren Strängen verlaufenden Handlung folgen zu können, wird die Inhaltsangabe mit einer **Chronologie** eingeleitet. Sie verschränkt die unauffällige Haupthandlung, das Leben des Ich-Erzählers Paul Pokriefke, mit zeitlich versetzten, teils rückläufig verlaufenden Handlungen „im Krebsgang".

1895	**30. Januar:** Geburt Wilhelm Gustloffs in Schwerin
1909	Geburt David Frankfurters im serbischen Daruvar
1913	Geburt Alexander Marineskos in Odessa
1918	Ende des deutschen Kaiserreiches
1927	11. Juni: Geburt Tulla (Ursula) Pokriefkes in Danzig (16. Oktober: Geburt Günter Grass' in Danzig)
1933	Ende der Weimarer Republik
1933	**30. Januar**: „Machtergreifung" Hitlers
1936	**30. Januar**: Gustloff ist anlässlich des Jahrestages der „Machtergreifung" bei Hitler.[37] Grass lässt ihn, Diewerge folgend, am 3. Februar von einer Reise durch die Kantone zurückkehren.
1936	4. Februar: Gustloff wird von Frankfurter in Davos erschossen.
	8. Februar: Trauergottesdienst in Davos; Gustloff wird als „erster Blutzeuge des nationalsozialistischen Auslandsdeutschtums" bezeichnet.
1936	4. August: Die *Wilhelm Gustloff* wird auf Stapel gelegt.
	9. Dezember: Eröffnung des Prozesses gegen David Frankfurter
	Frankfurter wird zu 18 Jahren Zuchthaus verurteilt.

37 Schön, S. 13

1937	5. Mai: Stapellauf des KdF-Schiffes *Wilhelm Gustloff* in Anwesenheit Hitlers und Leys Die Schweriner Schlossgartenallee wird in Wilhelm-Gustloff-Allee umbenannt. Das Gustloff-Denkmal wird errichtet. Marinesko wird Kommandant eines U-Bootes in der Ostsee.
1938	13. März: Anschluss Österreichs an das Dritte Reich.
1938	23. März: Die *Gustloff* sticht zur Jungfernfahrt in See. Tausend Österreicher stimmen auf ihr nachträglich für den Anschluss ab.
1939	Mai: Die *Gustloff* dient als Truppentransporter für die „Legion Condor".
1939	Juli: Die *Gustloff* wird zwei Wochen Wohnschiff für Turner, die in Stockholm an einem Turnfest teilnehmen. Danach kurzzeitig wieder KdF-Schiff.
1939	August: Tullas Eltern fahren auf der *Wilhelm Gustloff* (nun wieder KdF-Schiff) nach Norwegen. Bis zum 26. August 1939 wurden 44 Seereisen mit insgesamt 65.000 Urlaubern durchgeführt.
1939	1. September: Ausbruch des Zweiten Weltkriegs. Die *Gustloff* wird zum Lazarettschiff umgerüstet.
1939	27. September: Die *Gustloff* nimmt Verwundete auf.
1940	November: Die *Gustloff* wird zu einem Wohn- und Ausbildungsschiff der 2. Unterseeboot-Lehrdivision der Kriegsmarine, zur „schwimmenden Kaserne" in Gotenhafen und bleibt dort bis 1945 liegen.
1945	ab Mitte Januar: Die *Gustloff* wird zum Flüchtlingsschiff und Truppentransporter und erhält so die

	Zwitter-Funktion eines der Kriegsmarine unterstellten, bewaffneten Passagier- und Lazarettschiffes (neben den Flüchtlingen waren U-Boot-Matrosen, Flakschützen und Marinehelferinnen ebenfalls an Bord, das Schiff wurde mit Flakgeschützen ausgerüstet).
1945	**30. Januar**: Untergang der *Wilhelm Gustloff*
	30. Januar: Geburt Paul Pokriefkes
1945	8. Mai: Ende des Dritten Reiches
	Sommer: David Frankfurter aus der Haft entlassen.
	September: Marinesko wird das Kommando über *S 13* entzogen.
	Oktober: Marinesko wird zum Oberleutnant degradiert und aus der Marine entlassen.
1949	10. September: Abriss des Gustloff-Ehrenhains in Schwerin
1949	Herbst: Ende der Besatzungszonen, Gründung der beiden deutschen Staaten
1950	Geburt Gabrieles, der späteren Frau Paul Pokriefkes
1960	Paul Pokriefke verlässt die DDR und geht nach Berlin (West).
1963	Tod Marineskos
1967	Paul gibt das Studium der Germanistik auf und wird Journalist.
1968	Paul trennt sich von Springers „Morgenpost".
1980-87	Ehe zwischen Paul Pokriefke und Gabi (Gabriele), dann Scheidung
1980	Geburt Konrad Pokriefkes
1984	Tod David Frankfurters
1989	Herbst: Ende der DDR

1990	**30. Januar**: 22.18 Uhr legt Tulla Blumen am ehemaligen Denkmal Gustloffs in Schwerin nieder, „fier das Schiff ond all die Kinderchen" (91).
1990	8. Mai: Für Marinesko wird in Leningrad/St. Petersburg ein Denkmal enthüllt.
1995	**28.–30. Januar** Ostseebad Damp: Überlebende der *Gustloff* und Retter treffen sich.
1995	Konrad bekommt von Tulla einen Computer geschenkt.
1996	Anfang des Jahres: Konrad spricht in Schwerin über „Das Schicksal des KdF-Schiffes *Wilhelm Gustloff* von der Kiellegung bis zum Untergang".
1997	20. April (Hitlers Geburtstag): Konrad Pokriefke erschießt Wolfgang (David) Stremplin; Konrad wird deshalb zu sieben Jahren Jugendhaft verurteilt.
1998	Herbst: Konrad baut in der Haft das Modell der *Gustloff* nach.
1999	Im Internet stellt sich die „kameradschaft-konrad-pokriefke" vor.

1. Kapitel

Der Ich-Erzähler Paul Pokriefke, Sohn der Tulla Pokriefke, wird von einem Jemand, der Züge von Günter Grass hat, als Journalist „festgenagelt" (7): Er soll seine Geschichte, die an den Untergang des Schiffes *Wilhelm Gustloff* und an ein für die deutsche Geschichte verhängnisvolles Datum geknüpft ist, schreiben. Er wurde in der Minute des Schiffsunterganges geboren. Dem Auftrag, etwa 1995 ergangen, stellt er sich lustlos. Allerdings fallen **zwei Jubiläen** mit dem Auftrag zusammen: sein 50. Geburtstag und Wilhelm Gustloffs 100. Geburtstag. Um seine Geschichte erzählen zu können, die an einem Schnittpunkt verschiedener Lebensläufe einsetzt, beginnt er, „wie gelernt" (8), mit den anderen Biografien, zuerst der Wilhelm Gustloffs. Als er im Internet recherchiert, erschrickt er über eine direkte Fortsetzung der Vergangenheit in der Gegenwart, denn Gustloff wird als „Blutzeuge" (8) und Märtyrer von einer „Kameradschaft Schwerin" im Internet unter www.blutzeuge.de vorgestellt. Das steigert nicht seine Schreiblust, aber seinen Ärger: „Mehr zum Lachen als zum Kotzen." (8) Den 30. Januar, sein Geburtsdatum, empfindet er als ein „verfluchtes Datum" (11), weil an diesem Tag 1933 Hitler die Macht erzwang (vgl. auch Tabelle auf S. 36 ff. dieser Erläuterung). Seine Mutter Tulla Pokriefke war auf der *Gustloff* und hat ihn während des Untergangs zur Welt gebracht. Der sowjetische U-Boot-Kommandant Alexander Marinesko hat die *Gustloff* versenkt. David Frankfurter hat durch „seine Tat" (14), die Ermordung Gustloffs, sich und die beiden anderen Personen zum Trio zusammengeführt. Die Tat ist Folge von Beschimpfungen und Entrechtungen, die Frankfurter 1933 als Student in Deutsch-

Der Auftrag

land erlebte: Seinen Studienplatz „kennzeichnete plötzlich ein Davidstern" (16).[38] Hass schlug ihm überall entgegen. – Prokriefke berichtet simultan von seinem Trio Marinesko – Gustloff – Frankfurter, dem er sich als Sohn Tullas zuordnet. Er vervollständigt die Biografien bis zum Zeitpunkt, als Frankfurter Wilhelm Gustloff in dessen Wohnung und Amtssitz erschießt.[39] Frankfurter stellt sich der Kantonspolizei. Paul Pokriefkes **Berichterstattung ist journalistisch** (25 ff.) geprägt von unvollständigen Sätzen (Ellipsen) und vom Zurücktreten des Berichterstatters. Seine Schwierigkeit besteht darin, dass die Biografien aus der Vergangenheit stammen, aber neue Biografien die alten überlagern. So muss er simultan Biografien und verschiedene Zeitabschnitte zu einer komplizierten Erzählung verknüpfen.

2. Kapitel

Als Germanistikstudent musste Pokriefke erfahren, dass er sich nicht für Dichtung und hohe Literatur eigne, sondern „allenfalls zum Kolportageroman" (30). Sein Weg zur Journalistik wird dadurch frei. Auch eignet er sich nun, zum Medium des Schriftstellers, des Alten, des Jemand zu werden. Dennoch will er nicht widerspruchslos dessem Auftrag folgen, aber seine Mutter bedrängt ihn ständig, die Geschichte des Untergangs der *Gustloff* zu schreiben: „Schon in Schwerin ... hat sie mich gelöchert: ‚Wie aisig die See jewesen is und die Kinderchen alle koppunter. Das mußte aufschraiben. Biste ons schuldig als glicklich Ieberlebender.'" (31). Bei der Stoffsammlung findet er im Internet (unter www.blutzeuge.de) Informationen über Gustloff und die „Story" des „Blutzeugen"

38 Bei Schön, S. 14, sind es Hakenkreuze.

39 Die Beschreibung deckt sich weitgehend mit der bei Schön, S. 16 ff.

(32), vorgespiegelt von einer „Kameradschaft Schwerin", hinter der er einen Einzelnen vermutet. Paul Pokriefke distanziert sich von „dieser kackbraun aufgehenden Saat" in einem „Mistbeet" (32), folgt aber, auch auf die Website blutzeuge.de im Internet zurückgreifend, weiter den Biografien: der Überführung und Beerdigung Gustloffs, dem Bau der *Wilhelm Gustloff* bis zur Schiffstaufe in Anwesenheit Hitlers, der Biografie seiner Mutter Tulla von ihrer Danziger Straßenbahnschaffnerzeit bis in die fünfziger Jahre der DDR, seiner eigenen über die Hochzeit 1980 mit der Lehrerin Gabi (geb. 1950) und ihre Trennung 1987 - nach sieben Jahren - sowie die Geburt seines Sohnes Konrad 1980, dem Prozess gegen David Frankfurter 1936, eingefügt Bemerkungen zu Marinesko bis zu dessen Versetzung 1937 in die Ostsee. Auf der Website www.blutzeuge.de beginnt sich der Fall Gustloff contra Frankfurter zu wiederholen. Es kommt zu einer virtuellen Auseinandersetzung zwischen einem Wilhelm und einem David. Sie streiten über Frankfurters Tat und seine Motive, über Gustloffs Antisemitismus und Verschwörungstheorien „des Weltjudentums" (49), konfrontieren einander mit sinkenden Arbeitslosenzahlen 1936 und Judenboykott seit 1933, argumentieren mit Zitaten aus Hitlers *Mein Kampf* und Langhoffs *Moorsoldaten*. Über den Streit finden sie regelmäßig wieder zu Spaß und „Jux": Der historische Vorgang wird zum virtuellen Spiel, das beide wie ihr Tischtennisspiel betreiben.

Biografien

3. Kapitel

Der Erzähler beschreibt seine Kindheit bei Tulla, 1960 hatte er von der sozialistischen Schule in Schwerin und Tulla genug und verließ sie. Die *Gustloff* geht auf Probefahrt und am 23./24.

März 1938 auf Jungfernfahrt. Paul versucht sich vorzustellen, wie er sich als „zurückdatierter Journalist" (59) dabei benommen hätte. Er beschreibt eine Seenotrettung der *Gustloff*, beruft sich mehrfach auf authentische Zeugnisse Heinz Schöns[40]. – Im Internet wird die Auseinandersetzung zwischen Wilhelm und David weitergeführt, „wie beim Tischtennis: spielerisch" (64). Andere Websites eröffnen bereits eine Hass- und Rachejagd gegen Juden. – Die Fahrten der *Gustloff* als KdF-Schiff werden verfolgt, darunter eine der letzten in norwegische Fjorde, an der Tullas Eltern teilnahmen. – Der Erzähler geht auf Distanz zu seinen Gestalten, da sie alle – Gustloff, Marinesko und Frankfurter – „nur auf einen Punkt starren, bis es kokelt, qualmt, zündelt" (68). Sein Sohn erscheint ihm ebenso und bleibt ihm deshalb „fremd" (69). Einen Film des Regisseurs Rolf Lyssy über David Frankfurter stellt Paul Pokriefke ausführlich vor. – Immer noch nicht kommt der Erzähler beim „Knackpunkt meiner zufälligen Existenz" an (70). Die *Gustloff* wird Truppentransporter und holt im Mai 1939 die deutsche „Legion Condor", die im Spanischen Bürgerkrieg auf Francos Seite gegen die republikanische Regierung kämpfte, zurück. Heinz Schön spricht in diesem Zusammenhang von der „Bewährungsprobe als ‚Truppentransporter'"[41]. Im Internet unter www.blutzeuge.de wird inzwischen berichtet, dass im Spanischen Bürgerkrieg neue Waffen ausprobiert wurden, wie das die Amerikaner 1991 im Golfkrieg taten (71). Paul folgt weiter der Biografie Marineskos, der 1939 seine U-Boot-Besatzung für den Ernst-

Der Erzähler geht auf Distanz zu seinen Gestalten

40 Heinz Schön war als Zahlmeister-Aspirant auf der *Wilhelm Gustloff*. Er schrieb über ihren Untergang die Bücher *Die Gustloff-Katastrophe* (Stuttgart: Motorbuch-Verlag) und *SOS-Wilhelm-Gustloff* (Stuttgart: Motorbuch-Verlag). 1992 fuhr er mit einer Expedition zum Untergangsort. Sein Buch *Die Gustloff-Katastrophe* gehört zu den wichtigen Quellen für Grass.

41 Schön, S. 106

fall drillt, und Frankfurters, dessen Gesundheitszustand sich 1939 bessert. Paul ahnt, dass sich hinter der Website blutzeuge.de sein Sohn Konrad verbirgt. Seine Bemühungen, Tulla und seine geschiedene Frau um Unterstützung zu bitten, scheitern. Beide wollen nicht wahrhaben, dass Konrad rechtsradikal und bei den „Brüllaffen" (74) ist. Der Sohn erklärt dem Vater, er treibe historische Studien.

4. Kapitel

Paul Pokriefke berichtet über seinen Auftrag und die Beziehung des entstehenden Berichts zum „Wälzer *Hundejahre*" (77) der *Danziger Trilogie*. Dann kehrt er zu seinen Biografien zurück. – Die *Gustloff* ist im Juli 1939 zwei Wochen Wohnschiff für Turner, die in Stockholm an einem Turnfest teilnehmen. Nach Ausbruch des Krieges kommt die *Gustloff* unter das Kommando der Kriegsmarine und wird zum Lazarettschiff umgerüstet. In Danzig-Neufahrwasser übernimmt sie polnische Verwundete und zehn verletzte deutsche Matrosen. Danach wird sie bei der Besetzung Dänemarks und Norwegens eingesetzt, der geplante Einsatz gegen England („Unternehmen Seelöwe") findet nicht statt. Sie liegt dann lange in Gotenhafen (Gdynia). Frankfurter ist weiterhin im Gefängnis, wird aber verlegt; Marinesko übt in der Ostsee das Schnelltauchen und bekommt ein neues U-Boot, „*S 13*". – Konrad, der Umgang mit Skins hat, hält 1996 vor Rechtsradikalen und interessierten Bürgern Schwerins einen Vortrag über Gustloff und die *Wilhelm Gustloff*. Der Vortrag, der nur kurz das Ende der *Gustloff* behandelt, wird durch Rechtsradikale, die ihn als „Gesülze" (83) bezeichnen, abgebrochen. Konny bereitet ein ähnliches Refe-

Geschichte der *Gustloff*

rat für sein Möllner Gymnasium vor, für das ihm das „Publikum ... verweigert" (84) wird.
Die *Gustloff* wird Wohn- und Ausbildungsschiff für U-Boot-Besatzungen, eine „‚schwimmende Kaserne'" (84). Es folgen für Deutschland die Jahre der Siege, ab 1943 die der Niederlagen. Die *Gustloff* ist im Oktober 1943 betroffen. Tulla wird schwanger, treibt aber ab. – Paul empfindet die Entwicklung seines Sohnes als „privates Unglück" (88). Er erkennt dessen geistige Beziehung zum „unbeirrbaren Gequassel der Ewiggestrigen" (89). Tulla, Paul und Konrad nehmen 1995 an einem Treffen der Überlebenden der *Gustloff* in Damp teil. Tullas Absicht ist, Konrad als Berichterstatter des Untergangs zu gewinnen, nachdem ihr Sohn Paul versagt hat. Tulla stellt Konrad Überlebenden, vor allem den ehemaligen Offizieren, vor. Auch Heinz Schön, dem wenig Dank während des Treffens entgegengebracht wird, weil er die historischen Bedingungen des Untergangs zu bedenken geben versuchte (96 f.), begegnet er.

5. Kapitel

Das **mittlere Kapitel** hat bei Grass immer besonderes Gewicht. Das trifft auch hier zu: Die Pokriefkes gehen an Bord der *Wilhelm Gustloff*, Kapitän Marinesko kommt mit seinem U-Boot *S 13* in die unmittelbare Nähe der *Gustloff*; der Führer hält seine letzte Rede zum Jahrestag der Machtergreifung. Konrad verkündet im Internet Lügen („Blödsinn", 105) über die *Gustloff* und löst den Widerspruch Paul Pokriefkes, aber vor allem den Davids aus. Die Biografien führen aufeinander zu, alle Zeichen stehen auf Untergang. Der be-

Die Biografien führen aufeinander zu

ginnt mit einem Eingeständnis des „Alten" (99): Man habe, „weil die eigene Schuld übermächtig" gewesen sei, das „gemiedene Thema den Rechtsgestrickten überlassen" (99). Dem soll die Novelle mit ihrer Opferbeschreibung gegenwirken. – Paul findet im Internet auf der Website blutzeuge.de Texte seines Sohnes, die im nationalsozialistischen Duktus („russische Untermenschen", 101) gehalten sind und mit der entsprechenden Propaganda („asiatische Flut" drohe Europa), verbunden mit einem Wahlplakat der CDU aus den fünfziger Jahren („ein gefräßiges Ungeheuer asiatischen Typs", 102), die Kontinuität nationalsozialistischen Denkens bis in die Gegenwart demonstrieren. – Paul erklärt, wie es Anfang 1945 zur Massenflucht kam: Die Verachtung der Deutschen für die Russen sei in Angst umgeschlagen. Er korrigiert das Bild seines Sohnes vom zivilen Schiff *Gustloff*, das geordnet Flüchtlinge aufgenommen habe, wie es Konrad auf seiner Website suggeriert[42], und fragt nach dem Grund für dessen Lügen. Er glaubt in ihnen Konnys Wunsch „nach einem ungetrübten Feindbild" (104) zu finden. – Dann berichtet er, wie Tulla und ihre Eltern, seine Großeltern, auf das Schiff gekommen sind. Sie wollten auf dieses Schiff, da sich mit ihm „so viele heitere Erinnerungen" (109) verbanden. Die unterschiedlichen Biografien treffen sich am Punkt der Entscheidung; die aufeinander zulaufenden Handlungen haben ihre Verknüpfung erreicht. Der Erzähler setzt ein retardierendes (aufhaltendes) Moment ein, um faktografisch sicher zu gehen: Er berichtet von dem 1959 gedrehten

Film *Nacht fiel über Gotenhafen*

42 Dieses Bild ist vorherrschend und verbreitet. Vgl. *Die Schiffsglocke der „Wilhelm Gustloff"*. In: Neue Kolberger Zeitung, Herbst 1997, Nr. 3, nachgedruckt in: Kulturpolitische Korrespondenz, Nr. 1025/26 vom 10. Dezember 1997, S. 15: Man höre auf Militärakademien von diesem Angriff, „dabei wird die internationale Abmachung, Passagierschiffe ohne Anruf nicht anzugreifen, nicht erwähnt." Dabei hatte schon Heinz Schön in seiner Dokumentation (Schön, S. 116) eindeutig ausgewiesen, dass die *Wilhelm Gustloff* seit dem 1. 9. 1939 Soldatenschiff und seit dem 22. 11. 1940 bis zum 22. Januar 1945 Wohnschiff der 2. Unterseeboot-Lehrdivision war und der Kriegsmarine unterstand.

Film *Nacht fiel über Gotenhafen*. Dann beschreibt er den 30. Januar als „verdammtes Datum" der deutschen Geschichte (vgl. auch Tabelle auf S. 36 ff. dieser Erläuterung.), die dadurch zum Klo verkommen sei: „Wir spülen und spülen, die Scheiße kommt dennoch hoch." (116) Die Übereinstimmung des Alten und des Erzählers ist ein Zeichen der **Kulmination der Handlung**; sie nehmen die entscheidende historische Bewertung vor. – Konrad ist zu seiner Großmutter Tulla nach Schwerin gezogen. Die virtuelle Auseinandersetzung zwischen ihm und dem immer noch gestaltlosen David, der „gleichbleibend antifaschistische Sprüche" (117) einsetzt, wird „unerbittlich" (118). Nur gelegentlich fallen sie aus der Rolle, wenn Konrad als Nationalsozialist Wilhelm die israelische Armee lobt und David in der Rolle des Juden „die jüdischen Siedlungen auf palästinensischem Grund und Boden als ‚aggressive Landnahme'" verurteilt (118).
Die *Gustloff* läuft am 30. Januar 1945 aus Gotenhafen aus. Vier Kapitäne mit unterschiedlicher Zuständigkeit streiten sich über die Geschwindigkeit, die Route und den Fahrtcharakter. Man entscheidet sich unbewusst für die schlechtesten Möglichkeiten: die langsamere Geschwindigkeit, den längeren Weg, nicht den „vor U-Booten sicheren Küstenweg" (121), man will nicht im Zickzack fahren, sondern geradezu. Auf dem Kurs befindet sich auch das U-Boot *S 13*. – David Frankfurter wird in das erste Gefängnis zurückverlegt, ein Gnadengesuch aber abgelehnt.

6. Kapitel

Paul Pokriefke will seinen Text nicht als Novelle bezeichnen. Er schreibe nichts Literarisches, sondern einen Bericht. Dazu gehören summierende Mitteilungen über den „Untergang des

Großdeutschen Reiches" (123) und die Vorbereitungen für die Nachkriegszeit: Roosevelt, Churchill und Stalin sind nach Jalta unterwegs. Die Ergebnisse dieser Konferenz und der folgenden Potsdamer Konferenz lösen bei Konrad Pokriefke Hass aus, weil man Deutschland „zerstückelt" (124) habe. Hier vollzieht sich der Umschlag von der Glorifizierung des Nationalsozialismus, bei dessen Sieg jedes „Verbrechen" sanktioniert worden wäre, zur Verdrängung jeglicher Schuld und der Inanspruchnahme des Opferstatus, ein typischer Reflex auf die Niederlage. –

Nachdem das U-Boot *S 13* die *Gustloff* als „Truppentransporter und ein Begleitboot" (128) ausgemacht hatte, sucht Marinesko eine geeignete Angriffsposition, um „die ‚Faschistenhunde', die sein Vaterland überfallen und verwüstet hatten" (128), zu vernichten. Während die deutschen Kapitäne glauben, man habe die gefährliche Zone verlassen, wird das Schiff getroffen. – Bei einer von Chattern vorgenommenen Zusammenstellung der größten Schiffsunglücke auf der Website blutzeuge.de im Internet, in der die *Titanic* versuchte, die Spitze zu halten, und in der auch die zu ähnlicher Zeit und an ähnlichem Ort wie die *Gustloff* versenkte *Cap Arcona*, – 7000 KZ-Häftlinge starben –, erwähnt wird, bekommt die *Gustloff* ihre Stelle zugewiesen: „... über allem wetteifernden Zahlengechatte siegte am Ende die *Gustloff*." (134) Bei der Beschreibung des Untergangs nutzt Paul Pokriefke Frank Wisbars Film *Nacht fiel über Gotenhafen* (1959), den er nacherzählt, und Berichte von Überlebenden. – Pauls „Arbeitgeber" (139) drängt auf Kürze, da der Bericht keine künstlerische Qualität (Requiem, Totentanz) erreiche. Indem auf musikalische (Requiem) und bildnerische (Totentanz) Kunst angespielt wird, die Pokriefke nicht erreiche, bestätigt der „Arbeitgeber" nochmals,

Zusammenstellung der größten Schiffsunglücke

dass es sich bei dem Erzähler nicht um einen Schriftsteller handelt. – Tulla wird vom zweiten Torpedo-Treffer aus dem Bett geworfen. Als bei ihr die Wehen beginnen, bekommt sie eine Spritze, die die Geburt aufhält. Sie erreicht ein Rettungsboot und wird vom Torpedoboot *Löwe* gerettet. Dort bringt sie ihren Sohn zur Welt, der im Augenblick des Untergangs der *Gustloff* geboren wird: „Auf die Minute jenau als die *Justloff* absoff" (145). Ihr Haar ist schlagartig weiß geworden, „als ech all die Kinderchens koppunter jesehn hab..." (140).
Paul wünscht sich, er wäre das namenlose Findelkind, dass von dem Vorpostenboot *VP 1703* geborgen wurde. In den Diskussionen auf der Website blutzeuge.de, die sein Sohn auslöst, spielen die Umstände von Pauls Geburt keine Rolle, dafür wird Marineskos Torpedo-Angriff als Parallele von David Frankfurters Todesschüssen gesehen: Zwei Gustloffs starben, der Namensgeber und das Schiff. Paul Pokriefke stellt entsetzt fest, wie der Hass zwischen den Kontrahenten steigt und „zur Tat" (150) drängt. Was allgemein klingt, meint ein Ereignis, das im 7. Kapitel angedeutet wird („ich der Täter", „Tatort", 160). Gleichzeitig wird nun die **Parallelität der Ereignisse** von 1936 und 1997 und die **Wiederholung,** die „Tat" von 1936 (14) und die „Tat" von 1997 (150), als Chronologie der Novelle erkennbar.

7. Kapitel

Paul sinnt seinen möglichen Vätern nach: Harry Liebenau, Störtebeker, der Begleiter Materns in den *Hundejahren* und Anführer der Stäuberbande in der *Blechtrommel*, oder Walter Matern selbst, hinzuzufügen wäre noch Joachim Mahlke (21). – Paul interpretiert die Rettungsaktion, bietet Zahlen, die er selbst nicht für verlässlich hält. Tulla kommt samt Kind am 31. Januar 1945 in Kolberg an. Danach flieht sie mit dem Säugling unter großen Schwierigkeiten bis nach Schwerin, wo sie Ende April 1945 in einer Oberschule einquartiert wird, die den Namen Gustloffs trägt. Paul fasst nachträglich die Ereignisse der fünfziger Jahre zusammen: Tulla macht ihren Meister und leitet eine Tischlereibrigade, David Frankfurter ist in Israel Beamter im Verteidigungsministerium, Hedwig Gustloff verlässt Schwerin und geht nach Lübeck.

Die Auseinandersetzung zwischen Konrad und David

Die Auseinandersetzung zwischen Konrad und David flammt erneut auf; David sorgt sich um den zunehmenden Antisemitismus in Deutschland und denkt über seine Ausreise nach. Konrad als Wilhelm Gustloff bewundert die Armee und die „Härte" der Israelis (159), wünscht sich aber „alle Juden ... ins Gelobte Land" (159). Die Fronten von einst sind nicht die Fronten von heute; Umkehrungen werden möglich und deuten auf die „Tat": Konrad und David planen ein Treffen, Konrad schlägt dafür den Platz des ehemaligen Gustloff-Denkmals vor, dessen Trümmer als „bemooste Granitbrocken" (163) noch vorhanden sind. Am 20. April 1997 (am 20. April 1889 wurde Adolf Hitler geboren) treffen sich Konrad Pokriefke (virtuell: Wilhelm Gustloff) und Wolfgang Stremplin (virtuell: David Frankfurter) in Schwerin vor Gustloffs Geburtshaus. David reist aus Karlsruhe an. Man besichtigt die Stadt und geht zur ehemaligen Ehrenhalle. David spuckt dreimal auf die Granittrümmer des Gustloff-Denkmals und wird daraufhin von Konny so erschossen, wie David Frankfurter einst Wilhelm Gustloff erschossen hatte. Konny stellt sich, wie David Frankfurter, selbst.

8. Kapitel

Konrad Prokriefke steht vor Gericht

Konrad Prokriefke steht vor Gericht. Doch zwingt der „Jemand" den Erzähler, sein „kleinteiliges Wissen" (176) von Personen und Handlung zuvor noch mitzuteilen. Da ist die Geschichte des Fuchsfells, das Tulla geschenkt bekommen hatte und während der Rettung von der *Gustloff* trug. Das Fell, mit dem sie Paul auf der Flucht wärmte, trägt sie zu besonderen Ereignissen in ihrem Leben, nun auch während des Prozesses, in dem sie als Zeugin aussagt. Dabei verurteilt sie „das zur Liebe unfähige Elternpaar" (180) ihres Enkels und lobt Konrad. Gegen dessen Freundschaft mit einem „Judenjungen" (181) habe sie nichts gehabt. Als sie erfährt, dass David nicht jüdischer Herkunft war, beschimpft sie den Toten und bekommt das Wort entzogen. Für Konrad ist nicht wichtig, dass David kein Jude war: Wer Jude sei, entscheide er und geschossen habe er aus Prinzip (182). Paul gesteht sich ein, als Vater versagt zu haben. Ähnlich schätzen auch die Stremplins, die Eltern Davids, sich als Eltern ein. Vor Gericht werden auch zwei weitere Referate Konnys verhandelt, die nicht gehalten werden durften, weil sie von „abwegiger Tendenz" (183) und „von nationalsozialistischem Gedankengut infiziert gewesen" (188) seien. In der Erklärung seines Motivs geht Konrad auf Wilhelm Gustloff, David Frankfurter und die innere Notwendigkeit seiner Handlung ein; er stellt zwischen den Vorgängen von 1936 und 1997 Parallelität und Umkehrung her. Wie Frankfurter auf Gustloff habe er viermal auf David (Wolfgang) geschossen und getroffen. Während Frankfurter erklärt hatte, „er habe geschossen, weil er Jude sei, wurde von meinem Sohn (Konny, R. B.) in Parallele gesetzt, dann aber erweitert: ‚Ich habe geschossen, weil ich Deutscher bin – und weil aus David der ewige Jude sprach'" (189). Frankfurter hatte nach seiner Verhaftung zu Protokoll gegeben: „Ich habe geschossen, weil ich Jude bin." (28) Er berichtet von dem Schiff, rechtfertigt das Verhalten Marineskos und sieht die entscheidende Schuld bei der deutschen Marineführung („Der Verbrecher heißt Dönitz!", 192)[43], die letztlich die große Idee verraten habe. Für diese sei Gustloff gestorben, „auf daß Deutschland endlich vom Judenjoch befreit werden konnte" (192). Die ungeheuerlichen Ausführungen Konrads, die Aufruf zu Mord und neuer Vertreibung sind, werden vom Gericht nicht als neonazistisches Gedankengut verurteilt, sondern als „Irrsinn" und „Wahnvorstellungen" (193) abgetan. – Paul sieht die Schuld bei seiner Mutter. Konrad wird wegen Totschlags verurteilt und erhält sieben Jahre Jugendhaft.

9. Kapitel

Das Kapitel beginnt mit der einzigen direkten Stellungnahme des Jemand, des Alten, des Auftraggebers mit den Zügen Grass' zu dem Vorgang. Wenn überhaupt, so ist nur in diesem Textabschnitt die Grass'sche Meinung zu finden: „Die Oberfläche sagt nicht alles, aber genug." (199 f.) Der Erzähler stellt fest, dass die Aufmerksamkeit für den Prozess in dem Augenblick abnimmt, als deutlich wird, David ist kein Jude. – Paul besucht seinen Sohn in der Jugendhaftanstalt und bringt ein Foto Wolfgang Stremplins (Davids) mit. Bei einem zweiten Besuch erfährt er von Konnys Bildergalerie in der Zelle: zwei Fotos von

Besuche im Gefängnis

43 Vgl. Rüdiger Bernhardt: *Warnung im Angesicht neuen Versagens. Zu Günter Grass' neuer Novelle Im Krebsgang.* In: unsere zeit. Essen am 8. März 2002, S. 13: „Da er (Konrad, R. B.) parallel eine Hass-Haltung gegen Juden, Demokraten und ‚Vulgär'-Nazis entwickelt, steht er für eine militante intellektuelle Form des Nationalsozialismus, die gegenwärtig besonders gefährlich, weil nicht als brüllende Straßenmasse agiert."

David Frankfurter, zwei Fotos von Marinesko und eines von Wolfgang Stremplin; ein Bild Wilhelm Gustloffs wurde ihm untersagt. Tulla hat inzwischen eine „Heimwehfahrt" (205) nach Danzig gemacht und Konny einen Modellbaukasten der *Wilhelm Gustloff* geschenkt. Beim nächsten Besuch bekommt Paul das fertige Modell zu sehen und spürt, dass „diese Geschichte immer aufs neue" (208) von vorn beginnt. Er sucht Rat bei Jenny Brunies, Tullas Schulfreundin („Das ist das Böse, das rauswill.", 211), bei Tulla („Sie gab sich katholisch", 212), bei seiner Ex-Frau (Konny hat sich von seiner Mutter „losgesagt", 213) und bei Konnys Freundin Rosi („Ich werde immer an das Gute in Konny glauben", 214). Als er per Sondererlaubnis Konny in dessen Zelle statt nur im Besuchszimmer der JVA treffen darf, hat dieser die Fotos abgeräumt – im Bücherbord steht Kafka –, und zerstört vor Pauls Augen das Modell der *Gustloff*. Paul Pokriefke findet wenige Tage später im Internet die neue Adresse „www.kameradschaft-konrad-pokriefke.de"; Gustloff wird von einem neuen Märtyrer abgelöst. Resignierend schließt Paul seinen Bericht „Das hört nicht auf. Nie hört das auf" (216).

2.3 Aufbau

Es handelt sich um eine klassische **Novelle**, die alle bekannten Merkmale (pointiert ablaufende merkwürdige Handlung, streng gegliedert [was nicht zu verwechseln ist mit geradliniger oder einsträngiger Handlungsführung], spannend, oft mit Rahmenhandlung versehen, durch Motivketten organisiert, erotisierende Elemente) aufweist. Die oft zitierte „sich ereignete, unerhörte Begebenheit" (Goethe zu Eckermann am 25. 1. 1827) ist hier der Zusammenfall mehrerer Ereignisse auf das Datum des 30. Januar. Der Auftraggeber des Erzählers, der als Jemand benannte Autor, hatte **Goethes Novellen-Bestimmung** variiert: Pokriefkes Herkommen „sei ein einmaliges Ereignis, exemplarisch und deshalb erzählenswert" (30). Pokriefke allerdings ist die literaturtheoretische Bestimmung gleichgültig (123); er folgt dem journalistischen Berichtsbedürfnis der Mutter Tulla und damit seinen Fähigkeiten. Insgesamt hat er drei **Möglichkeiten des Aufbaus** zur Verfügung:

unerhörte Begebenheit

1. Folgte er seiner journalistischen Erfahrung, müsste „erst das eine, dann das andere und danach dieser oder jener Lebenslauf abgespult werden" (8).
2. Als erinnertes Modell hat der Erzähler auch Thomas Manns Roman *Der Zauberberg* vor Augen (9), einen aus verschiedenen Erzählsituationen organisierten Roman, der von einem Erzähler, dem „raunenden Beschwörer des Imperfekts"[44], beherrscht wird. Dazu reichen die Fähigkeiten des Erzählers nicht.
3. Er entwickelt ein eigenes Modell, mit dem er „der Zeit eher schrägläufig in die Quere kommen muß, etwa nach Art der Krebse, die

nach Art der Krebse

44 Thomas Mann: *Der Zauberberg*. Roman. Berlin: Aufbau-Verlag 1962, S. 5

den Rückwärtsgang seitlich ausscherend vortäuschen, doch ziemlich schnell vorankommen" (9). Chronologisches Erzählen wird in diesem Falle durch aktuelle Entwicklungen, Querverbindungen und zeitliche Brechungen aufgelöst. Damit sinkt auch die Bedeutung des erzähltypischen Imperfekts, das ständig mit Präsens wechselt.

Paul entscheidet sich nach scheiternden anfänglichen Versuchen, traditionellem Erzählen zu folgen, für die dritte Möglichkeit, der er allerdings mit Vorbehalten gegenübersteht, da sie für ihn kompliziert ist. Da Grass mehrere Biografien nebeneinander stellt – Daniel Frankfurter; Alexander Marinesko; Wilhelm Gustloff; die Pokriefkes: Tulla, Paul, Konrad; Wolfgang (David) Stremplin; das Schiff *Wilhelm Gustloff* – und gleichzeitig verfolgen muss, um ihre Kreuzungspunkte herauszustellen, wird ein chronologisches Erzählen unmöglich, wie überhaupt für Grass „Chronologie doch eine Fiktion"[45] ist. Ein simultanes Erzählen ersetzt sie: **Erzählen im „Krebsgang"** (30) wird zum poetischen Verfahren, dem Paul Pokriefke nicht gewachsen ist; er möchte den unkomplizierten journalistischen Bericht. Das bringt Verluste in der Erzählintensität: Episches wird auf die Information reduziert. Darüber kommt es zu Auseinandersetzungen mit dem Jemand, der ausführliche und genaue Beschreibungen verlangt, die Paul aber nicht beherrscht (54 f.). Das wird besonders deutlich, wenn die Informationen über Tulla Pokriefke mit den Erzählungen über sie in den *Hundejahren* und *Katz und Maus* verglichen werden: Hier reihen sich Sachverhalte (Koschneiderei, Langfuhr, Danzig, Elsenstraße, Ursula, Tulla usw., 12), dort sind diese Sachverhalte Anlässe zu ausführlichem Erzählen. „Koschneiderei" etwa ist das Thema mehrerer ausführlicher Briefe an Tulla (*H*, 152 f., 159).

simultanes Erzählen

45 Grass, *Falsche Folklore* (Gespräch), S. 21

Der Erzähler wird von seinem Auftraggeber in eine schwierige Situation versetzt: Einerseits bekommt er den Auftrag, die Novelle zu erzählen. Andererseits wirken andere Personen auf dieses Erzählen ein. Das sind vor allem die Informationen seines Sohnes Konrad auf dessen Website im Internet, die parallel zu den Informationen des Erzählers stehen. Hinzu kommen Informationen Tullas, die sich von denen Paul Pokriefkes unterscheiden. Doch behält der Erzähler durchgängig die Gesamtanlage im Griff und fügt andere Informationen, **gefiltert durch sein Bewusstsein**, in indirekter Rede so ein, wie sie ihm wichtig scheinen.[46] Ein einziger Textabschnitt wird daraus hervorgehoben: Eine längere Rede des Jemand wird als direkte Rede („Er sagt: ...", 199) eingefügt. Darin werden die Grenzen des Erzählers beschrieben, poetische Beschreibung wird gegen journalistische Routine gesetzt.
„Krebsgang" als Erzählaufbau vollzieht sich als chronologisch geordnetes Erinnern der Biografie Paul Pokriefkes von 1945 bis 1999. Aus dieser Chronologie bricht der Erzähler ständig thematisch und zeitlich in andere Themen aus und fügt Teile anderer Biografien ein, dabei bis zu 100 Jahre zurückgehend. Diese Einfügungen haben anfangs scheinbar nichts mit dem Erzähler zu tun. Dem „Krebsgang" des Erzählens folgen kann man durch eine Orientierung an den eingebauten Daten und Jahreszahlen.
Die für den epischen Aufbau entscheidende Konfrontation vollzieht sich in den Jahren 1936/37: Frankfurter erschießt Gustloff am 4. Februar 1936 und wird am 9. Dezember 1936 vor Gericht gestellt, die *Gustloff* läuft am 5. Mai 1937 vom Stapel, in der Sowjetunion finden 1937 Stalins Säuberungsprozesse statt. Paul Pokriefkes Schicksal erscheint als Ergeb-

46 In einer Kritik wird die Auffassung vertreten, es gäbe „vier konkurrierende Erzähler"; hier wird die Rolle des einzigen Erzählers Paul Pokriefke völlig verkannt. Vgl. Harald Jähner: *Tulla, unerlöst und heimatvertrieben*. In: Berliner Zeitung, Nr. 30, Dienstag, 5. Februar 2002

nis zufälliger Kreuzungen von Biografien, die sich nur an diesem einen Punkt berührten. Nach dem Kreuzungspunkt gehen die Biografien wieder auseinander, wiederholen sich jedoch, teils mit umgekehrtem Ergebnis:

Paul Pokriefkes Schicksal erscheint als Ergebnis zufälliger Kreuzungen von Biografien

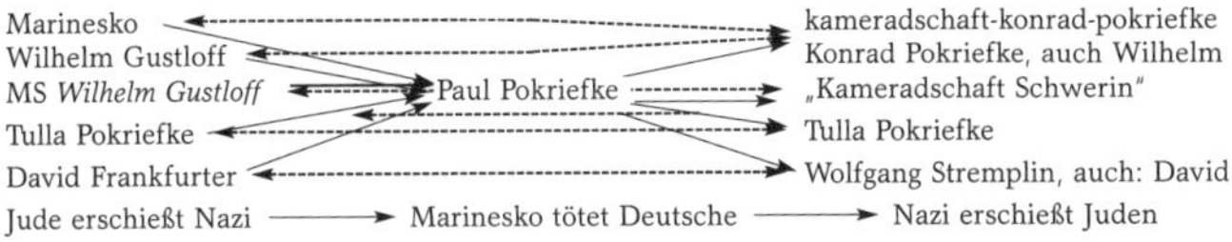

Der Text wird teilweise durch das Symbol des Schiffes *Wilhelm Gustloff* organisiert. Dabei folgt der Erzähler authentischen Vorgängen mit nachprüfbaren Daten. Das **Schiff ist in der Literatur bevorzugt Symbol** (Zeichen): Außerordentlich umfangreich sind die Verwendungen als Gesellschafts- und Zeitsymbol. Das Schiff wird zum Abbild einer Gesellschaft und seine Fahrt und Ankunft sind Zeichen für ihren Weg. Grass hat das Symbol mehrfach thematisiert: Ein Schiff ist Handlungszentrum im Roman *Der Butt* und in der Novelle *Katz und Maus*, in der „das Schiff" Symbol für Leben und Tod wird: Die *Rybitwa* (dt.: Lerche), auf der auch Tulla abenteuerliche Stunden verbringt, hatte den Seekrieg in der Danziger Bucht (1. 9.–2. 10. 1939) überstanden, war aber dann von ihren polnischen Offizieren geflutet worden und wurde so zur künstlichen Insel.

Schiff wird zum Abbild einer Gesellschaft

Die *Gustloff* wird zum **Sinnbild der Verbrechen**, mit denen Deutschland die Welt überzog, und des totalen Untergangs, der neben Schuldigen auch viele Unschuldige betraf. Der Erzähler ist sich dieser symbolhaften Bedeutung des Schiffes bewusst, wenn er sagt, dass der Untergang des Schiffes „ein Zeichen des allgemeinen Untergangs" (11) setzte. Auch Konrad Pokriefke bedient sich dieses Symbols, wenn er die *Gustloff* als „lebendigen Ausdruck des nationalen Sozialismus" (190) bezeichnet. In der Haft stellt er ein Modell des Schiffes her und umgibt es mit Reliquien: Fotos von Wolfgang Stremplin, David Frankfurter und Marinesko. Als er schließlich diesen Altar seiner Überzeugung und das Schiffsmodell vernichtet, geschieht das, weil er zum Märtyrer und selbst zum Symbol wie einst Gustloff und die *Gustloff* geworden ist: Es gibt im Internet eine „kameradschaft-konrad-pokriefke".

Neben dem sozial-politischen Gesellschaftssymbol erscheint das Schiff auch als Symbol für den Übergang vom Leben zum Tod (**Totenschiff**). Schiffe als Grabbeilagen sollten den Weg des Toten ins Jenseits beschreiben; auch das antike Totenschiff über den Fluss Acheron, gesteuert vom Fährmann Charon, führte die Toten ins Reich des Vergessens. Der Erzähler macht mehrmals auf diese Bedeutung des „ewigsinkenden Schiffes" (44) aufmerksam: Im „Schiffsinneren der Gustloff" strich „der Tod weiterhin seinen Gewinn ein" (144), während der Erzähler auf einem anderen Schiff vom Innen ins Außen tritt. Es ist eine Variation des „Stirb und werde" (144), vom Erzähler auch unmittelbar im Anschluss genannt.

Variation des „Stirb und werde"

2.4 Personenkonstellation und Charakteristiken

Paul Pokriefke

wurde am 30. Januar 1945 geboren (vgl. auch Tabelle auf S. 36 ff. dieser Erläuterung.). Dieses „verfluchte Datum" sah er als Zeichen seines Leben und sich als Repräsentanten des „fortlebenden Unglücks" (11). Er ist in den Augen seines Auftraggebers, eines Schriftstellers (Jemand), eine „Person von eher dürftigem Profil" (78), nach den Aussagen seiner Frau Gabi und seiner Mutter Tulla der „typische Versager" (43). Nach der Geburt lebte er mit seiner Mutter in Schwerin, wurde Junger Pionier und „aus freien Stücken" (67) FDJ-Mitglied, ging 1960 nach Westberlin, wohnte bei Jenny, einer Freundin der Mutter, war anfangs ein engagierter Student, um sehr bald die Germanistik „stinklangweilig" (18) und die Publizistik „zu theoretisch" (18) zu finden. Er wurde ein „mittelmäßiger Journalist" (42), größere Pläne, wie ein Buch *Zwischen Springer und Dutschke*, wurden nie verwirklicht (42). Laut Tulla glaubt Harry Liebenau (aus *Hundejahre*), ein Cousin Tullas, er sei der Vater Paul Pokriefkes. Paul wendet sich an ihn und bekommt kommentarlos Alimente überwiesen. Allerdings kommen auch Joachim Mahlke (aus *Katz und Maus*) und Walter Matern (aus *Hundejahre*) als Väter in Frage, „austauschbare Phänomene" (22). 1967 schmiss Paul das Studium und wurde Volontär bei Springers *Morgenpost*, von der er sich nach dem Mordanschlag auf Rudi Dutschke 1968 trennte. Daraus wird seine zur Schau getragene politische Haltung ableitbar: Pokriefke ist ein so genannter 68-er mit linksliberalen Ansichten und dem Anspruch, neutral zu sein, „nur nichts Falsches zu sagen" (210), tatsächlich ist

der „typische Versager"

Opportunist

er Opportunist. Seit langer Zeit geht er nicht mehr wählen, ein Negativmerkmal, denn Grass plädiert für die Wahl. Paul ist nicht frei von rechtsradikalen Anschauungen, „insgeheim rechtsgewickelt" (75) nennt das seine geschiedene Frau, ist aber bestrebt, diese „Abgründe" bedeckt zu halten. Es ist ihm nicht gelungen, denn der Sohn hat „des Vaters verbotene, seit Jahren unter Hausarrest leidende Gedanken" in Besitz genommen „und sogar in die Tat um(ge)setzt" (210). Er hat versucht, seinen Sohn „halbwegs linksliberal" (73) zu erziehen und muss erleben, dass sich dieser „nach rechts hin" verirrt (73).

Konrad (Konny, Conny, Konradchen) Pokriefke,

geboren 1980, ist Paul Pokriefkes Sohn und Tullas Enkel. Er wurde nach seinem 1934 ertrunkenen Onkel Konrad und nach dem von Tulla 1943 abgetriebenen Fötus (*H*, 422) benannt. Da seine Mutter Gabriele, Gabi genannt, von Paul Pokriefke schwanger wurde, heirateten beide, trennten sich aber 1987 wieder. Konrad zog mit seiner Mutter nach Mölln; seinen Vater sah er nur besuchsweise. Er galt als hoch begabt, sensibel und wurde der Liebling seiner Großmutter Tulla, die ihn mit ihrem Leben und „der Story vom ewigsinkenden Schiff" (44) faszinierte. Nirgendwo, „nicht mal im Ratzeburger Ruderclub" (67), wollte er Mitglied werden. Er interessiert sich „für Computer und moderne Kommunikation" (67) und bekommt von seiner Großmutter Tulla 1995 einen Computer geschenkt. Damit setzt er eine neue Gustloff-Frankfurter-Entwicklung in Gang, nunmehr mit umgekehrten Vorzeichen.

Liebling seiner Großmutter Tulla

Tulla Pokriefke

wurde am 11. Juni 1927 in der Elsenstraße von Danzig-Langfuhr geboren. Ihre Eltern August und Erna Pokriefke stammen aus der Koschneiderei. Getauft wurde sie auf den Namen „Ursula", gerufen aber immer Tulla, vermutlich nach dem Koschnäwjer Wassergeist Thula, „der im Osterwicker See wohnte"[47]. Ursprünglich aber sollte sie einmal die Schwester Oskar Matzeraths werden. Oskar wehrte sich – wie Günter Grass schildert – gegen diese „Zumutung. Ich kam nicht weiter, habe kapitulieren müssen. Oskars Schwester stand mir vor Augen, ich habe sie dann in ein anderes Buch, Tulla Pokriefke aus den *Hundejahren* war es natürlich, integriert."[48] Dort bekam sie eine Hauptrolle neben den drei Erzählern: Tulla ist eine eklige und unappetitliche Göre, immer nach Tischlerleim riechend. Sie fasziniert und erregt jedoch die Halbwüchsigen, auch den Ritterkreuzträger Mahlke im Umfeld seiner Desertation. Sie ist, bringt man alle Details zusammen, eine Variation der Maria Magdalena und so eine **Personifikation der Sinnlichkeit**. Aber sie ist auch die Personifikation der Bösartigkeit, in der neuen Novelle deutlicher als zuvor: Jenny wird von ihr als Kind tyrannisiert (106), Eddi Amsel wird als „Itzich" vom Hof der Tischlerei vertrieben (*H*, 216 ff.), sie hetzt den Schäferhund Harras auf Menschen. Tullas Vater, Hilfsarbeiter in der Tischlerei Liebenaus, Mitglied der NSDAP und Zellenleiter der Partei (*H*, 352), und ihre Mutter sind im August 1939 bei einer der letzten Fahrten des KdF-Schiffs *Wilhelm Gustloff* dabei (65).

Variation der Maria Magdalena

---

47 Günter Grass: *Hundejahre*. In: Werkausgabe, Band 5. Göttingen 1997, S. 153, *H*, ebd.

48 Claus-Ulrich Bielefeld, Günter Grass, Dieter Stolz: *Der Autor und sein verdeckter Ermittler*. Ein Gespräch. In: Sprache im technischen Zeitalter. Berlin 1996, 34. Jahrgang, Nr. 139, S. 308

Tulla ist in *Katz und Maus* eine Art Fee und Jungfrau, die mit den Jungen und später den jungen Männern ihr Spiel treibt. Sie wird in den *Hundejahren* wegen unsittlichen Lebenswandels von der Schule geworfen (*H*, 379). Als sie sich schwanger fühlt, kommen viele Väter für das Kind in Frage (*H*, 414). Durch absichtliches Abspringen von der Straßenbahn kurz vor den Haltestellen verliert sie das Kind (87, *H* 420). Sie arbeitet anschließend als Straßenbahnschaffnerin. Tulla ist die zentrale mythische Figur der Novelle *Katz und Maus*, gleichzeitig Repräsentantin für Grass' Götter- und Heldenbild. Wie einen Schutz vor irdischen Anfechtungen trägt sie den Gestank von Tischlerleim um sich.

Repräsentantin für Grass' Götter- und Heldenbild

Tulla wurde als Umsiedlerin in der DDR besonders gefördert, leitete schließlich erfolgreich in „einem volkseigenen Großbetrieb eine Tischlereibrigade" (21), nachdem sie 1953 ihren Meister gemacht hatte, und war freiwillig Mitglied der SED geworden. Sie wird „Verdiente Aktivistin" in der DDR. Ihr Sohn hält sie bis zum Schluss für eine „Stalinistin" (170).

Jenny (Brunies oder mit Künstlernamen Angustri),

geboren 1926, wurde von Oswald Brunies, einem Lehrer des Conradinums und Eichendorff-Verehrer, adoptiert und Jenny genannt. „Zigeuner" hatten sie ausgesetzt (*H*, 143 f., 157). Als Kind spuckte Tulla in Jennys Kinderwagen und tyrannisierte sie fortlaufend mit immer neuen Bosheiten (*H*, 172 ff.). Brunies unterrichtete Jenny und Tulla in Geschichte, er wurde, nach einer Anzeige Tullas (211; *H*, 360 ff.), abgeholt und am 12.November 1943 im KZ Stutthof umgebracht (*K*, 151; *H*, 354 ff.). Nach dem Beginn der sowjetischen Offensive im Januar 1945, also parallel zu den Fluchtvorbereitungen auf der *Wilhelm Gustloff*, wurden die Nebenlager des KZ Stutthof geräumt und die Häftlinge durch Eis und Schnee an die Küste getrieben. Etwa 3000 Menschen erreichten Palmnicken. Sie sollten in den Stollen des Bernsteinwerkes begraben werden. Als sich der Kommandeur des dortigen Volkssturmes dem widersetzte, trieb die SS die Menschen an den Strand und erschoss sie. Diese KZ-Häftlinge starben fast gleichzeitig wie die Passagiere der *Wilhelm Gustloff*.[49]

Jenny war eine Schulfreundin Tulla Prokriefkes. Beide hatten Harry Liebenau als Freund; er ist ein Cousin Tullas und glaubt, Paul Pokriefkes Vater zu sein. Jenny wurde Tänzerin, die von Danzig nach Berlin ging, in *Schwanensee* und *Coppelia* „gertenschlank" glänzte (207), bei einem Bombenangriff schwer verletzt wurde – sie verlor die Zehen beider Füße – und ihren Beruf nicht mehr ausüben konnte. Sie bewohnt eine Mansardenwohnung, „eine Puppenstube" (18), in Berlin (West). Ihre Wohnung ist ähnlich wie das Zimmer Mahlkes (in *Katz und Maus*) mit einer Fülle von Erinnerungen vollgestellt.

Tänzerin

Wolfgang (David) Stremplin

ist ein philosemitisch eingestellter Schüler in Konrad Pokriefkes Alter, der sich seit seinem vierzehnten Lebensjahr „David" nennt. Sein Vater stammt aus einem württembergischen Pfarrhaus und ist Atomphysiker, seine Mutter stammt aus einer im Badischen ansässigen Bauernfamilie und ist Musikpädagogin. Dieser Hintergrund deutet auf aufklärerische Traditionen. Sie werden aber abgebrochen, da der Vater

49 Vgl. dazu: Martin Bergau: *Todesmarsch zur Bernsteinküste*. Das Massaker an Juden im ostpreußischen Palmnicken im Januar 1945 – Zeitzeugen erinnern sich. Heidelberg: Universitätsverlag Winter, 2006

„geschichtliche Vorgänge" (185) distanziert beurteilt und die „nationalsozialistische Herrschaftsperiode" (185) kühl betrachtet. Wolfgang, der auch von seinen beiden Brüdern „gefrotzelt" (186) wird, gilt als Sonderling, der lediglich beim Tischtennis die Gemeinschaft sucht. Alles Jüdische ist ihm heilig geworden, nachdem er sich in den Sühnegedanken hineingesteigert hat.

Alles Jüdische ist ihm heilig

Jemand

gibt Pokriefke den Auftrag, seine Lebensgeschichte als eine bespielhafte zu beschreiben, da sie mit dem Schicksal des Schiffes *Wilhelm Gustloff* verbunden ist. Dieser Jemand mag keine Ausreden und erteilt seinen Auftrag, weil Pokriefke ein Journalist ist, der alle Fronten kenne. Sein Auftrag hat dadurch einen spezifisch journalistischen Charakter. Der Jemand ist etwa gleichaltrig mit Tulla, er war Dozent an der TU Berlin, an der seit 1959 Walter Höllerer (s. S. 83 dieser Erläuterung) Ordinarius war; der Jemand bescheinigte dem damaligen Studenten Pokriefke, sich nicht für Literatur zu eignen, allenfalls für den Kolportageroman, er könne aber mit seinem eigenen Leben „ein einmaliges Ereignis" (30) erzählen. Der Jemand war auch Schriftsteller, der sich aber nach Pokriefkes Meinung „leergeschrieben" (30) habe. Regelmäßig versucht er auf den entstehenden Bericht Einfluss zu nehmen, drängt auf Genauigkeit und Ausführlichkeit; dazu führt er „Arbeitsgespräche" (77) durch. Er bedauert, die Geschichte des Schiffes nicht selbst erzählt zu haben, nach „Erscheinen des Wälzers *Hundejahre* sei ihm diese Stoffmasse auferlegt worden" (77), aber die „gefräßige" Gegenwart habe die Ausführung verhindert. Dieser Jemand trägt Züge Günter Grass' und ist ein Hin-

Jemand trägt Züge Günter Grass

weis darauf, dass dem Schriftsteller im Angesicht einer unbelehrbaren Welt das Verstummen droht. Er überlässt seinen Stoff, der ein großes Warnpotential enthält, dem schnelleren, aber auch oberflächlicheren Journalismus, schätzt am Ende den Bericht Pauls dann aber doch als „Novelle“ (123), also als literarisches Ergebnis, ein. Tulla ist ihm so ans Herz gewachsen, dass Paul Pokriefke ihn für einen ihrer Geliebten hält (193).

2.5 Sachliche und sprachliche Erläuterungen

Die Viehlzahl von historischen, literarischen und ethnografischen Begriffen macht es unmöglich, alle zu erklären. Oft reicht der Kontext zum Verständnis aus. Die Auswahl konzentriert sich auf ein vertieftes Textverständnis.

Im Krebsgang*:* Die Gleichsetzung mit „Rückwärtsgang" ist falsch, auch als Metapher bedeutet sie das nicht[50]; die Krabbe, die Grass für das Titelblatt zeichnete, bewegt sich in seitlicher Richtung, dabei aber vorwärts. Der Titel gibt dem Leser die Information, dass nicht der Hauptweg, wie in den Romanen der *Danziger Trilogie*, geradlinig verfolgt wird, sondern eine seitliche Abzweigung die Richtung angibt, die aber den Hauptweg im Blick behält. Grass hat eine besondere Vorliebe für Tiere, wobei er keinen Unterschied zwischen „den Klischees der Schönheit und der Hässlichkeit, des Anmutigen und des so genannt Widerwärtigen"[51] macht.
Eine Novelle: Die Gattungsbezeichnung als Untertitel weist auf die Unterscheidung zu Grass' Romanen *Die Blechtrommel* und *Hundejahre* („des Wälzers", 77) hin. Im Gegensatz zu der Novelle *Katz und Maus*, in der die Bestimmung als „unerhörte Begebenheit" (Goethe) indirekt zitiert wurde (*K*, 109) – das geschieht mit dem Hinweis auf „ein einmaliges Ereignis" (30) auch hier –, legt der journalistisch tätige Erzähler der Novelle keinen Wert auf diese „literarische Einschätzung" (123).
in memoriam (5): lat. zum Gedächtnis (zum Andenken), gemeinhin wird die Formel mit einem Namen oder einer Gruppe verbunden. Indem das hier ausbleibt, wird das Gedächtnis der Menschheit angerufen.

---

50 Rolf Schneider: *Der beste Grass seit Jahren*. In: DIE WELT, Dienstag, 5. Februar 2002, S. 27: „Als Metapher bedeutet Krebsgang eine langsame Rückwärtsbewegung."
51 Hans Mayer: *Günter Grass und seine Tiere*. In: Text+Kritik, S. 80

jemand, der nicht ich bin (7): „Jemand" meint irgendeinen Unbestimmten, gleich welchen Geschlechts. Der „Nachtrag" – stilistisch präzise müsste es entweder „jemand, nicht ich" oder „der ich nicht bin" heißen – gilt als Zeichen einer ungepflegten Sprache. Es ist ein Hinweis auf den Sensationsjournalismusstil des Erzählers, der mehrfach über sprachliche Probleme klagt.
weil (7): Diese kausale unterordnende Konjunktion ist ein Markenzeichen des Erzählers, der sie journalistisch einsetzt, wie die Eröffnung, aber vor allem das Ende des 3. Absatzes zeigt. Durch das „weil" werden alle Sätze so ausgewiesen, als würde stets etwas Wichtiges mitgeteilt. Die Variation mit „da" würde eine differenzierte stilistische Sprachbeherrschung erfordern, die Denk- und Spracharbeit voraussetzte. Stilistisch einwandfrei wäre in den meisten Fällen „da". Die Konjunktion findet sich fortwährend, oft verbunden mit abgebrochenen Sätzen (146). Am Ende – im letzten Absatz – verzichtet der inzwischen desillusionierte Erzähler auf „weil", das sein journalistisches Vermögen wesentlich ausmachte, und auf „ich" (216): Er sieht sich in Anbetracht neuer Gefahren zur Bedeutungslosigkeit verkommen.
Springer-Zeitung (7): Der Axel-Springer-Verlag ist eine der größten Verlagsgruppen in Deutschland. In dem als konservativ geltenden Verlag erscheinen u. a. überregionale Tageszeitungen wie *Bild* und *Die Welt*, aber auch Programmzeitschriften, regional verbreitete Tageszeitungen und Unterhaltungszeitschriften. Paul Pokriefke schrieb für die Springer-Presse nach Aussagen seiner Ex-Frau „‚paranoide Hetzartikel gegen Linke'" (75).
„taz" (7, 31): Abkürzung für *die tageszeitung.* Gilt als linkes Blatt. Gegründet 1979 als Alternative zu einer politisch uniformierten Presselandschaft. Sie hat eine genossenschaftliche Struktur, an der über 5000 GenossenschaftlerInnen beteiligt

sind. Dadurch wird politische Unabhängigkeit gesichert. Sie rechnet Grass in Kommentaren zu den „moralischen Instanzen", die bedeutungslos geworden seien (Eberhard Seidel: *Antisemitismus ist nicht durch Machtworte von oben zu stoppen.* In: *taz* vom 5. Juni 2002, Nr. 6766, S. 1).

Untergang eines Schiffes (7): Es handelt sich um das Kreuzfahrtschiff *Wilhelm Gustloff*, das auf der Blohm & Voss-Werft in Hamburg gebaute (Baunummer 511) und 1938 für die Deutsche Arbeitsfront, KdF (Kraft durch Freude) in Dienst gestellte Urlauberschiff, das dann als Truppentransporter, Lazarett-, Wohn- und Ausbildungsschiff und schließlich als Flüchtlingstransporter diente. Um dieses Schiff dreht sich die gesamte Handlung der Novelle; bei seinem Untergang kreuzen sich die unterschiedlichsten Biografien, um von da aus wieder auseinander zu laufen.

Daten des Motor-Passagierschiffes ***Wilhelm Gustloff***, das damals das größte Kreuzfahrschiff der Welt war: Bruttoregistertonnen: 25 484; Länge: 208,5 m, Breite: 23,5 m; Tiefgang: 6–7,0 m; Seitenhöhe: 17,3 m; Passagiere: 1463 in 463 Kabinen; Besatzung: 417. Das Schiff hatte 2 Speisesäle, Theater mit Kinoanlage, Musiksalon, Schwimmbad u. v. a. Baukosten: 25.000.000 Reichsmark; Höchstgeschwindigkeit: 15,5 Knoten = 29 km/h.

abzuwickeln (7): Seit der Wende in Deutschland 1989 erhielt dieser Begriff eine zwiespältige, teils negative Bedeutung. Zahlreiche Betriebe, Tausende von Wissenschaftlern usw. wurden „abgewickelt", d. h. aufgelöst bzw. entlassen. In dieser Bedeutung verwendet es der Erzähler, als er von den Veränderungen im Umfeld Tulla Pokriefkes nach 1989 berichtet (44, 90).

Schwerin (7 f.): Hauptstadt des Herzogtums (seit 1815 Großherzogtums) Mecklenburg-Schwerin bis 1918, dann Landeshauptstadt bis 1952. Von 1952 bis 1990 Bezirkshauptstadt des Bezirkes Schwerin, seither wieder Landeshauptstadt von Mecklenburg-Vorpommern. Die Stadt hat eine Wasserfläche von 13 ha („sieben Seen", 7). Das „vieltürmige Schloß" (8) wurde von Georg Adolf Demmler (1804–1886) u. a. nach dem Vorbild des Schlosses Chambord (südwestl. von Orléans) erbaut.
sieben (7): Die Zahl gehört zu den von Grass bevorzugten Zahlen und hat symbolische Bedeutung; sie tritt in der Novelle im Zusammenhang mit Seen („sieben Seen", 7) und Jahren („sieben Jahre", 43) mehrfach auf (37, 43, 59, 60, 197 u. ö.). In *Katz und Maus* schreibt Pilenz von sieben Klassenkameraden, von denen Mahlke am Rande der neuen Novelle wieder auftaucht. Tulla bewegt sich als einziges Mädchen im Umfeld der Gruppe, ohne zu ihr zu gehören. – **Die Zahl Sieben** signalisiert in diesem Text Unglück. Sie wird auch als Vielfaches, 35 und 70, verwendet (42).
Story (8): Geschichte, Kurzerzählung, vor allem journalistisch gebraucht für ein besonders auffallendes Ereignis. Die Verwendung des Ausdruckes kennzeichnet den Erzähler als Journalisten.
Internet, Mac, Modem usw. (8): Begriffe aus der Welt des Computers und des Computernetzwerks; sie häufen sich danach im Text. Grass warnt vor der Entwicklung, bei der „sich das Sekundäre frech vors Primäre geschoben hat" und Literatur „aufgemotzt, zum Event oder ... häppchenweise ins Internet verfüttert"[52], verdränge.
böhmisch (8): umgangssprachlich: unverständlich, merkwürdig (vgl. auch Redewendung „Das sind böhmische Dörfer für mich.").

52 Günter Grass: *Fortsetzung folgt... Literatur und Geschichte*. Göttingen: Steidl, 1999, S. 60

www.blutzeuge.de (8): Unter dieser virtuellen Adresse erscheint real „Steidl Verlag und Druckerei", dort sind die Werke von Günter Grass und auch die Novelle *Im Krebsgang* erschienen, und nicht die „Kameradschaft Schwerin". Autor und Verlag wollten den Missbrauch dieser Adresse verhindern.
Blutzeuge (8): Der Urne Gustloffs war eine Urkunde beigelegt, auf der er zum „ersten Blutzeugen der Auslandsorganisation der Partei" erklärt[53] und damit zum Märtyrer der NSDAP wurde. Zum „Blutzeugen" gehörte die „Blutfahne", mit der Feldzeichen der SS und SA geweiht wurden. Sie stammte vom Marsch auf die Feldherrnhalle und war angeblich mit dem Blut des gefallenen Fahnenträgers getränkt. Bei dem gescheiterten Putsch Hitlers am 8./9. November 1923 fielen 16 „Blutzeugen", die nach 1933 als Märtyrer galten.[54]
gotische Lettern (8): Im Gegensatz zur heute üblichen lateinischen Schrift war die deutsche Schrift gotischen Ursprungs und hatte, entsprechend dem Stil der Gotik, schmale hohe Buchstaben mit gebrochenen Ecken (Fraktur). Sie wurde durch die Antiqua, die „lateinische" Schrift, verdrängt. 1915 wurde eine deutsche Schrift, genannt nach dem Graphiker Ludwig Sütterlin (1865–1917), eingeführt, daneben kultivierten bestimmte volkstümelnde und nationalistische Kreise die Fraktur. 1941 wurde die so genannte gotische Schrift per NSDAP-Erlass verboten, da sie nicht als eine deutsche Schrift anzusehen sei. Sie hielt sich als eine Art symbolische Schrift in faschistischen Gruppen und Verbänden, später in reaktionären Vereinigungen. – Für Grass sind die Sütterlinschrift, analog gotische Lettern in der *Blechtrommel*, in *Katz und Maus*, im Roman *örtlich betäubt* und in der *Rättin* Ausdruck von Barbarei und Unmenschlichkeit.

53 Schön, S. 20
54 Vgl. Victor Klemperer: *LTI. Notizbuch eines Philologen*. Berlin: Aufbau-Verlag, 1947, S. 117

Kameradschaft (8): Einer der schillernsten Begriffe der Nazis; zurückzuführen auf Ludwig Uhlands Lied *Der gute Kamerad* (Ich hatt' einen Kameraden, ... 1812), das schon im Ersten, dann aber besonders im Zweiten Weltkrieg zum Bestandteil der Feiern für den „Heldentod" wurde. Der Begriff „Kamerad" wurde einerseits wertneutral als Anrede benutzt[55], andererseits war ein Liederbuch wie der *Singkamerad* (1934), herausgegegeben von der Reichsamtsleitung des nationalsozialistischen Lehrerbundes, ein Zeugnis für die faschistische Akzentuierung. Die „Kameradschaft", wie sie bei Grass gebraucht wird, bezieht sich auf eine Struktur der HJ: Eine K. umfasste ca. 10 Jungen, 4 Kameradschaften bildeten eine Schar. An der Spitze stand ein Kameradschaftsführer. Nach dem Ende des Zweiten Weltkrieges wählten Traditionsgruppen der Wehrmacht und SS den Begriff.

nach Art der Krebse (8): Erster Hinweis auf den Titel „Krebsgang". Damit wird die besondere Fortbewegungsart bezeichnet, die seitlich und scheinbar rückwärts führt, tatsächlich aber vorwärts.

Wilhelm Gustloff (9): Am 30. Januar 1895 in Schwerin geboren, nach mittlerer Reife Banklehre, seit 1917 zuerst als Angestellter der Schweriner Lebensversicherungsbank, dann als Observatoriumssekretär am Meteorologischen Institut in der Schweiz lebend. Da er lungenkrank war, nahm er nicht am Ersten Weltkrieg teil. 1929 trat er in die NSDAP ein. Er hatte sich 1932 zum Landesgruppenleiter der NSDAP in der Schweiz emporgearbeitet, eine Auslandslandesgruppe aus Reichsdeutschen und Österreichern aufgebaut und war ein fanatischer Anhänger Hitlers. Am 4. Februar 1936 wurde er von dem

55 Vgl. ebd., S. 50 und 91. Franz Fühmanns berühmte Novelle *Kameraden* (1955) beschreibt drei Soldaten, die am Tod eines Mädchens schuldig sind. Die Handlung dient zur „Widerlegung der Legende von der wunderbaren Kameradschaft in Hitlers Wehrmacht." (Hans Richter: *Franz Fühmann. Ein deutsches Dichterleben*. Berlin: Aufbau-Verlag, 1992, S. 135)

Medizinstudenten David Frankfurter erschossen (s. S. 79 f. dieser Erläuterung). Gustloffs Leiche wurde nach Schwerin überführt und bestattet; ihm wurde ein Granit-Denkmal samt Ehrenhain gesetzt und 1937 wurde ein KdF-Schiff auf seinen Namen getauft.

Hans Castorp, Zauberberg (9): Literarische Hauptfigur aus Thomas Manns Roman *Der Zauberberg* (1924), aus gutbürgerlichen Verhältnissen Hamburgs („hanseatisch"), der zu Besuch nach Davos in eine Lungenheilstätte reist, wo er sieben Jahre bleibt und die er erst mit Beginn des Ersten Weltkrieges wieder verlässt, um am Krieg teilzunehmen (vgl. S. 104 der vorliegenden Erläuterung).

Erfinder (9): Der Erfinder der Gestalt Hans Castorps ist Thomas Mann, gleichzeitig wurde der Roman erzähltechnisch ein Paradigma, da Thomas Mann einen Erzähler einsetzte, der den Erzählanlass genau beschreibt und sich als „raunenden Beschwörer des Imperfekts" bezeichnet (s. S. 54 dieser Erläuterung). Thomas Manns Roman wird zum herausragenden Maßstab, durch den ebenso die Hilflosigkeit des Grass'schen Erzählers wie die Bedeutungslosigkeit seines literarischen Helden Gustloff deutlich wird. Der „Erfinder" korrespondiert mit dem „Jemand", dem „Alten".

Flandern (9): Hans Castorp nimmt am Sturm eines Regiments Freiwilliger teil und mitten im vernichtenden Kampf verliert ihn der Erzähler aus den Augen. Thomas Manns Beschreibung erinnert an die Schlacht von Langemark im belgischen Westflandern, in der am 22./23. Oktober 1914 deutsche Kriegsfreiwillige in einen sinnlosen, verlustreichen Sturmangriff gejagt wurden. Grass hatte sich schon in *Katz und Maus* (7. Kapitel) darauf bezogen.

Davos (9): Schweizer Lungenkurort, an dem sich auch Hans Castorp sieben Jahre in einem Sanatorium – jetzt „Waldhotel

Bellevue" – aufhielt. Heute einer der größten Bergsportorte der Welt mit 350 km Abfahrtpisten und 2,5 Millionen Touristenübernachtungen jährlich.

Hedwig (Gustloff) (9): In der so genannten „Kampfzeit" war sie bis zum 8. November 1923 die Sekretärin Hitlers. Mit seinem Einverständnis siedelte sie im November 1923 von München nach Davos über, um Gustloff zu heiraten. Sie taufte 1937 das Schiff auf *Wilhelm Gustloff*. Nach 1945 verließ sie Schwerin und wohnte in Lübeck.

geduldet vom Arbeitgeber (10): Gustloff sammelte Nationalsozialisten um sich. Hinweis darauf, dass es in der Schweiz eine nationalsozialistische Bewegung (ca. 5000 Mitglieder) gab.

die Partei (10): Die NSDAP (Nationalsozialistische Arbeiterpartei Deutschlands), von 1933 bis 1945 die einzige zugelassene Partei in Deutschland. Die Führung der Partei wurde im Nürnberger Prozess zur verbrecherischen Organisation erklärt.

Gregor Strasser (10): 1892–1934, Reichsorganisationsleiter der NSDAP 1928–32, seit 1921 Mitglied der Partei. 1932 Auseinandersetzungen mit Hitler und Rücktritt von allen Ämtern, während des Röhm-Putsches ermordet.

Röhmputsch (10): Ernst Röhm (1887–1934) und Hitler hatten unterschiedliche Auffassungen über die Rolle der SA (= „Sturmabteilung"). Röhm trennte sich deshalb 1925 von der NSDAP und ging ins Ausland. Hitler holte ihn 1931 als Stabs-Chef der SA zurück; 1933 Reichsminister ohne Geschäftsbereich. Er wurde mit mehr als 100 anderen missliebigen Personen auf Anordnung Hitlers am 30. Juni 1934 verhaftet und am 1. Juli ermordet; man warf ihm vor, einen Staatsstreich gegen Hitler geplant zu haben. Untergründig wurde ihm auch seine Homosexualität zum Vorwurf gemacht. Tatsächlich war es der Kampf um die Macht zwischen SA und SS.

Kleiner Rat von Graubünden (10): Graubünden ist der größte Kanton der Schweiz (Eidgenossenschaft), in dem die souveräne Gewalt bei den Gemeinden liegt, über denen ein Großer Rat (für vier Jahre gewählte Mitglieder zur Gesetzgebung) und ein Kleiner Rat (aus dem Großen Rat hervorgehender Staatsrat) steht.

Emil Ludwig (10, 17): Schriftsteller, geb. 1881 in Breslau, gest. 1948 in Moscia bei Ascona. Er wurde 1932 Schweizer Bürger und ging 1940 in die USA. 1945 kehrte er in die Schweiz zurück. In seinen außerordentlich erfolgreichen Biografien vereinigten sich Quellen und Fiktion zu dramatischer Spannung. Über Gustloffs Tod schrieb er romanhaft *Der Mord in Davos* (Amsterdam: Querido, 1936; engl.: London: Methuen, 1937). Nachdem Goebbels diesen Roman gelesen und mit wütenden Bemerkungen in seinem Tagebuch versehen hatte, war ihm das verstärkt Anlass, die Vernichtung der Juden zu fordern.[56] Ludwigs Werke hatten bis 1931 bereits weltweit Auflagen mit 2.010.000 Exemplaren.

Nacht der langen Messer (11): Erster Hinweis im Text, dass es um wiederholbare Handlungen geht. Die „Nacht der langen Messer" war die Umschreibung für den Röhm-Putsch (s. S. 73 dieser Erläuterung). Hitler hatte in einer Rede vor dem Reichstag am 13. Juli 1934 diese Morde damit zu stilisieren versucht. Danach ist die Wendung geradezu inflationistisch auf Morde, Putsche usw. angewendet worden. Der Dramatiker Heiner Müller nahm die Wendung für die Nacht vom 27. zum 28. Februar 1933 in Anspruch: In der Nacht des Reichstagsbrandes begann die uneingeschränkte Verfolgung und Ermordung der Opposition, besonders der Kommunisten. Heiner Müller gab der ersten Szene seiner Szenenfolge *Die Schlacht* (1951–74), die nach dem Reichstagsbrand spielt, den Titel *Die Nacht der langen Messer*.

56 Vgl. *Das Goebbels Experiment*. Dokumentarfilm von Lutz Hachmeister und Michael Kloft, Deutschland 2004 (Erstsendung im Fernsehen am 10. Juli 2007 im ZDF)

User (11): Benutzer und Surfer im Internet; ursprüngl.: jemand, der Drogen nimmt.
30. Januar (11): Das Datum hat leitmotivische Funktion für die Erzählung, da es historische Fakten betrifft (vgl. auch Tabelle auf S. 36 ff. dieser Erläuterung.), die aufeinander bezogen werden: An diesem Tag wurde 1895 Wilhelm Gustloff geboren, war 1933 die Machtübernahme durch die Faschisten und Hitler, der Reichskanzler wurde, sank 1945 die *Wilhelm Gustloff*, auf der während des Sinkens ein Kind geboren wurde. Das starb nach wenigen Wochen, Grass ließ es fiktiv als Paul Pokriefke auferstehen.
Granit (11): Gestein, Material für Denkmäler. Es wird zu einem Leitsymbol des Textes: 1. Gustloffs Denkmal, es handelte sich um einen vier Meter hohen Granit samt einer aus „Granitquadern" (164) gefügten Ehrenhalle. Die „Granitbrocken" des Gustloff-Denkmals überdauern die Zeiten (162 f.). 2. Tulla bleibt wegen des Denkmals, wie Paul glaubt, in Schwerin (157). 3. Ein Foto des Granit-Denkmals auf der Homepage Konnys eröffnet die letzte Phase der Auseinandersetzung zwischen Konrad und David (158). 4. Das Lenin-Denkmal in Schwerin überdauerte die Wende; es ist mit Granit verkleidet (161). 5. 1990, nachdem Gustloffs Denkmal längst „abgeräumt" worden ist, wird Marinesko ein Granit-Denkmal errichtet (165). – Grass konnte bei dem Motiv auf bekannte Verwendungen des Gesteins in der Literatur zählen. In Goethes mineralogischen Arbeiten spielt der Granit, sein „Lieblingsgestein"[57], eine große Rolle; während der Aufenthalte in Karlsbad beschäftigte sich Goethe ausgiebig damit und sammelte ihn (Goethe: *Joseph Müllersche Sammlung*, 1807). Der Granit, den er zu den „Ur-Phänomenen" zählte, die man nicht erforschen könne, sondern vor denen man nur staunend stehen müsse, gefiel ihm

57 Vgl. Richard Friedenthal: *Goethe*. München: R. Piper & Co, 1963, S. 574

mehr als der rätselhafte Basalt. Die Eröffnungserzählung der Sammlung *Bunte Steine* von Adalbert Stifter trägt den Titel *Granit* (1852). Es ist Stifters Versuch, den von ihm erahnten destruktiven Kräften, im Bilde der Pest auftretend, eine Utopie des Menschlichen, als Waldmädchen mit Märchenzügen erscheinend, entgegenzustellen. 1985 erschien das Theaterstück der Schweizerin Eva Brunner (geb. 1952) *Granit (Goethe tief in der Schweiz)* u. a.

Mutter, Tulla Pokriefke (11): In der Novelle *Katz und Maus* ist sie die personifizierte Verführung. Daran wird erinnert, vor allem wenn es um den Vater Pokriefkes geht. Im Roman *Hundejahre* (1963) ist sie eine Hauptgestalt, im Roman *Die Rättin* wird sie erwähnt (s. S. 61 f. dieser Erläuterung).

Bulwen u. a. (11): Tulla spricht nordostdeutsch (pommerisch, Danziger Platt) und hat diese Sprache trotz langer Trennung von der Heimat neben dem Hochdeutschen, das sie nur bei offiziellen Anlässen verwendet (198), beibehalten.

Koschneiderei (12): Polnische Landschaft, die im Roman *Hundejahre* beschrieben wird: 53,33 Grad nördlich, 17,5 Grad östlich. Sieben rein katholische Dörfer, darunter Osterwick, wo Tullas zwei älteren Brüder geboren wurden. Die Einwohner wurden Koschnäwjer genannt. Tullas Name soll von dem Koschnäwjer Wassergeist Thula herstammen (*H*, 153). Die Bezeichnung Koschneider soll volksetymologisch darauf zurückgehen, dass sie sich „zu gewalttätigem Deutschenhass" haben hinreißen lassen und deshalb „Kopfschneider" hießen. Historisch ist die Erklärung, dass die Bezeichnung auf einen Beamten namens Kosznewski zurückgehen soll, der die Rechte und Pflichten der Dörfer 1484 festlegte (*H*, 159, 162 f.).

Langfuhr (12): Danziger Vorort, Grass' Geburtsort, in dem die *Danziger Trilogie* spielt. Orts- und Straßennamen sind authentisch. Auf Szenen aus der Trilogie wird angespielt, so auf den Schäferhund Harras (*Hundejahre*) und Tullas Knochenleimgeruch (*Katz und Maus*).

Harras (12, 65): Der Hofhund von Tullas Onkel war ein Jahr und zwei Monate alt, als Tulla geboren wurde (*H*, 148). Nachdem Konrad, Tullas taubstummer Bruder, beim Baden ertrank, lebte Tulla sieben Tage mit Harras in dessen Hundehütte. Harras, ein Deckrüde, war der Vater des Schäferhundes Prinz, den die Stadt Danzig Hitler zu seinem 46. Geburtstag schenkte. Der Erzähler bezeichnet die Geschichte als „Märchen ... von der Länge eines Romans" (66) und spielt damit auf *Hundejahre* an.

Knochenleimgeruch (12): Das „wie erzählt wird" bezieht sich auf *Katz und Maus* (38) und *Hundejahre* (156). In der Verkürzung des Erzählten zur Information ist der Unterschied von epischer Dichtung und journalistischem Bericht zu erkennen. Der Geruch wird zum Kennzeichen Tullas (94 f.).

Umsiedlerin/Ostflüchtling (12): Die Vertriebenen wurden in den beiden deutschen Gebieten unterschiedlich benannt (Umsiedlerin – DDR, Ostflüchtling – BRD); aus der Benennung wurden die unterschiedlichen Strategien der Eingliederung erkennbar, die der Erzähler ansatzweise beschreibt. Eine solche Gegenüberstellung unterschiedlicher Begriffe für gleiche Sachverhalte ist ein gestalterisches Mittel der Novelle; es handelt sich um kontrastive Setzungen.

„Löwe" (12): Das Torpedoboot *Löwe* begleitete die *Gustloff* und rettete 472 Menschen der sinkenden *Gustloff*. Auf ihm kam das Baby zur Welt, das wenige Wochen nach der Geburt starb. Seine Stelle nimmt in der literarischen Fiktion Paul Pokriefke ein.

Alexander Marinesko (13): 1913–1963, Mutter: Ukrainerin, Vater: Rumäne. Matrose in der sowjetischen Handelsmarine, Kommandant des U-Boots *S 13*, das die *Gustloff* versenkte.

Kämpfte zu Lebzeiten vergeblich um Anerkennung für diese Tat. Im September 1945 wurde ihm das Kommando über sein U-Boot entzogen, im Oktober wurde er degradiert und aus der Marine entlassen (168). Lagerverwalter, verurteilt zu Arbeitslager (Gulag). 1955 Rückkehr aus Sibirien; Rehabilitation. Er erhielt 1990 in Leningrad/Sankt Petersburg ein Denkmal. 1997 wurde in St. Petersburg die Gedenkstätte *Museum der U-Boot-Streitkräfte Russlands Alexander Marinesko* eingerichtet.

„Panzerkreuzer Potemkin" (13): Berühmter Film (1925) des sowjetischen Regisseurs S. M. Eisenstein (1898–1948), Drehbuch: Nina Agadshanowa. Der Film entstand aus dem Auftrag, den Aufstand der Matrosen der Schwarzmeerflotte im Jahr 1905 und den Aufstand gegen die zaristische Herrschaft zu schildern.

Wolfgang Diewerge (14 f.): (1906 – ?) Diewerges *Broschüre Der Fall Gustloff – Vorgeschichte und Hintergründe der Bluttat von Davos* erschien 1936 (München: Zentralverlag der NSDAP); Diewerge wurde vom *Völkischen Beobachter* als „ausgezeichneter Kenner jüdischer Rechtsschliche" bezeichnet. Die in der Novelle mitgeteilten Angaben werden bestätigt durch Norbert Frei: Diewerge war ein „hochdekorierter Funktionär der NSDAP, SS-Standartenführer und leitender Propagandist in Goebbels' Ministerium" und nach 1950 verwickelt in dubiose Entwicklungen der nordrhein-westfälischen FDP. Der Landesvorsitzende Friedrich Middelhauve hatte sich als rechte Hand Diewerge erkoren.[58]

Achenbach, Ernst (15): (1909 – 1991) 1940 Botschaftsrat in Paris, Leiter der Politischen Abteilung. Der nationalsozialistische Diplomat versuchte 1950 bereits über die Zeit Adenauers hinaus den Einfluss der Nationalsozialisten auf das politische Geschehen wiederherzustellen und er riet ihnen deshalb, in

58 Norbert Frei: *Deutsches Programm.* In: DIE ZEIT vom 29. Mai 2002, Nr. 23, S. 82 und ders.: *Vergangenheitspolitik*, München: dtv, 1999

die FDP einzutreten.[59] Neben den Informationen bei Grass sei darauf hingewiesen, dass die Stockholmer Zeitung *Dagens Nyheter* 1952 auf eine „Hundertmann-Gruppe" führender Nazis aufmerksam machte, deren Spiritus rector der Landtagsabgeordnete Ernst Achenbach (FDP) war. In seinem Büro war das nationalistische „Deutsche Programm" entstanden, an dem Werner Best (ehemals Reichskommissar in Dänemark), Franz Alfred Six (ehemaliger SS-Obergruppenführer) und Hans Fritzsche (ehemaliger berüchtigter Rundfunkkommentator, Leiter der Rundfunkabteilung in Goebbels' Ministerium) beteiligt waren. Achenbach sollte 1974 als EG-Kommissar nach Brüssel gehen, was im letzten Augenblick durch Enthüllungen gestoppt wurde, die nachwiesen, wie er Strafverfahren gegen NS-Kriegsverbrecher verhindert hatte.

David Frankfurter (15): (vgl. auch Anmerkung zu Gustloff, S. 71 f. der Erläuterung) 1909 in der serbischen Stadt Daruvar als jüngster Sohn eines Rabbiners geboren, 1984 in Israel gestorben; sprach Hebräisch und Deutsch. Seit seiner Geburt krank – er litt an Knochenhautentzündung – musste er sich zahlreichen Operationen unterziehen. Er studierte seit 1929 in Wien, Leipzig, Frankfurt am Main und, seit er im Oktober 1933 aus Deutschland geflohen war, in Bern Medizin, brachte es zu keinem Abschluss. Am 4. Februar 1936 erschoss er in Davos Wilhelm Gustloff und begründete die Tat mit ideellen Gründen und der Rache an einem deutschen Nationalsozialisten wegen der Judenverfolgung. – Er wurde in der Schweiz zu 18 Jahren Zuchthaus verurteilt, am 1. Juni 1945 begnadigt. Ab 15. Dezember 1936 befand er sich in der Kantonalen Strafanstalt Sennhof Chur, zwischenzeitlich in einer Strafanstalt im „Welschland" (französische Schweiz), und arbeitete am Webstuhl. Während seines Gefängnisaufenthaltes gesundete er

59 ebd.

von seiner Knochenkrankheit, die unheilbar schien. Am 21. Dezember 1936 bemühte sich die „Weltliga gegen den Antisemitismus" um Revision, blieb aber erfolglos. Erst am 1. Juni 1945 wurde Frankfurter auf Betreiben seiner Rechtsanwälte begnadigt. Nach seiner Entlassung aus der Haft ging er nach Palästina, „hoffend auf ein zukünftiges Israel" (159). Dort wurde er Beamter in Israels Verteidigungsministerium, heiratete und hatte zwei Kinder (170). – In der anhaltenden Diskussion um die Novelle warf man Grass vor, die Handlungsweise F.s privatisiert und ethnisiert zu haben. Dabei habe „der historische David Frankfurter zum bewaffneten Widerstand gegen die Nazis aufgerufen, weshalb er, wie sein Chronist Peter O. Chotjewitz schrieb, es also durchaus verdient hätte, in die Annalen einzugehen."[60]

Bücher jüdischer Autoren verbrannt (16): David Frankfurter erlebte am 1. April 1936, der zum „Tag des Juden-Boykotts" erklärt wurde, wie Studenten auf einem Scheiterhaufen Bücher jüdischer Autoren, darunter die von Spinoza und Heine, verbrennen. Bereits am 10. Mai 1933 hatten in Berlin und deutschen Hochschulstädten Bücherverbrennungen stattgefunden, in denen die Bücher Thomas und Heinrich Manns, Stefan Zweigs, Anna Seghers' und vieler anderer verbrannt wurden. Es war eines der größten geistigen Verbrechen des deutschen Faschismus.

Davidstern (16): auch: Schild Davids, zwei sich kreuzende gleichseitige Dreiecke bilden ein Sechseck. Es ist ein altes Symbol der Juden und Bestandteil der Fahne Israels. Im Dritten Reich mussten Juden einen gelben Davidstern mit der Inschrift „Jude" als Erkennungszeichen tragen.

Konzentrationslager (17): abgekürzt: KZ; Häftlingslager, in denen die Nationalsozialisten Juden, Sinti und Roma, Homo-

---

60 Mayer-Iswandy, S. 229

sexuelle und politische Gegner zu Millionen umbrachten. Im März 1933 wurde auf Veranlassung Himmlers das KZ Dachau gegründet, bald darauf Esterwegen (Börgermoor) und Oranienburg. Die Lager standen außerhalb der Strafgesetzordnung. – 1935 gelangten erste Berichte von Betroffenen an die Öffentlichkeit. Vgl. Anmerkung zu: „**Die Moorsoldaten**" (s. S. 88 f. dieser Erläuterung).

mecht Zeugnis ablegen (19): Die Worte Tullas erinnern an das NT, Johannes 18, 37 („Ich bin dazu geboren und in die Welt gekommen, dass ich für die Wahrheit zeugen soll."), dürften aber eher von Victor Klemperers: *Ich will Zeugnis ablegen bis zum letzten (Tagebücher 1933–1945).* Berlin: Aufbau-Verlag, 1995 (2 Bände) abgeleitet worden sein. Verstärkt wird der Eindruck dadurch, dass auch Konrad „im Namen der Kameradschaft Schwerin" geschworen hat, „die Wahrheit, nichts als die Wahrheit zu bezeugen" (73).

Südwestfunk (20): Paul Pokriefkes vermeintlicher Vater Harry Liebenau ist dort Kulturredakteur für Lyrik. Es ist eine Anspielung darauf, dass Grass 1955 einen 3. Preis in einem Lyrikwettbewerb des Süddeutschen Rundfunks erhielt.

Springers Hetzblätter (21): Hier wird das Verfahren der kontrastiven Setzungen verwendet: Die *Morgenpost* wird zur „kapitalistischen Kampfpresse" und zum „Hetzblatt" (21) aus der Sicht der Genossin Tulla, die DDR aus der Sicht des Springer-Journalisten Paul Pokriefke zum „Mauer- und Stacheldrahtkommunismus".

Rudi Dutschke (21, 42): 1940–1979; ab 1965 Mitglied im politischen Beirat des West-Berliner SDS (= Sozialistischer Deutscher Studentenbund) und einer der Anführer der APO (Außerparlamentarische Opposition, zum großen Teil aus Studenten bestehend). Er wurde durch einen Mordanschlag 1968 schwer verletzt. Seit 1976 engagierte er sich für die Grünen. 1979 starb Dutschke an den Spätfolgen seiner Verletzungen.

Joachim oder Jochen, Walter (21): Hauptgestalten aus *Katz und Maus* und *Hundejahre*. Joachim Mahlke strebt nach dem Ritterkreuz, um seinen auffallenden Adamsapfel damit zu verdecken; sonst hat er mit dem Orden nichts im Sinn, desertiert aus der Wehrmacht und verschwindet in einem Schiffswrack. Er hatte eine nicht näher ausgeführte Beziehung zu Tulla (56), die auf ihn besonderen Einfluss ausübte und ihn zu Höchstleistungen bei der Selbstbefriedigung bringen konnte. Tullas Aussage „Nich mal anjefaßt hat er" (56) ist wohl eine Schutzbehauptung. – Walter Matern ist einer der drei Erzähler des Romans *Hundejahre* und verantwortlich für den 3. Teil, die Materniaden. Er war der Freund des halbjüdischen Künstlers Amsel (108), der von Tulla als „Itzich" vom Hof der Tischlerei vertrieben wurde (106) und später als Ballettmeister Haseloff der Vertraute Jenny Brunies (s. S. 62 f. dieser Erläuterung) war. Walter hatte mit Tulla ein Verhältnis (*H*, 392). Mit diesen Gestalten, die Tulla in der Folgezeit mehrfach nennt, werden Querverbindungen zur *Danziger Trilogie* hergestellt.
eine Menge Papier (28): Die kontrastiven Setzungen werden auf die benutzte Literatur ausgedehnt. David Frankfurters Tat hieß bei Wolfgang Diewerge „eine feige Mordtat" (28), bei Emil Ludwig der „Kampf Davids gegen Goliath" (ebd.). Bei diesem Gegensatz sei es bis „in die digital vernetzte Gegenwart geblieben" (ebd.). Das bedeutet, dass die kontrastiven Setzungen als Ausdruck gegensätzlicher Interpretationen eines Mordes andauern, politischer Mord nicht historisch geworden ist.
Kraft durch Freude (29): Organisation der Deutschen Arbeitsfront (DAF), im November 1933 gegründet. Sie lenkte die Freizeit und die Freizeitbeschäftigung im Sinne der nationalsozialistischen Prinzipien. Dazu gehörten Urlaubsreisen, Veranstaltungen, Betriebssport, Betriebsschulungen. Die ihr zur

Verfügung stehenden Geldmittel und Heime hatten den früheren Gewerkschaften gehört, die 1933 zerschlagen worden waren.

Walter Höllerer (30): 1922–2003, Literaturwissenschaftler, Schriftsteller; 1959–1987 Ordinarius für Literaturwissenschaft an der TU Berlin. Gehörte zur Gruppe 47 und förderte den jungen Grass durch Aufträge. Mit Grass befreundet, nahm intensiv an Grass' Entwicklung Anteil, ermunterte ihn stets und half ihm oft.

Kleist, Grabbe, Büchner (30): Deutsche Dichter mit Einfluss auf die moderne Dichtung; sie nahmen Sonderstellungen ein, sind kaum Strömungen zuzuordnen und starben jung: Heinrich von Kleist (1777–1811), Christian Dietrich Grabbe (1801–1836), Georg Büchner (1813–1837), „lauter Genies auf der Flucht" (30): Kleist floh in den Selbstmord, Grabbe in den Alkohol; Büchner floh, steckbrieflich wegen seiner Mitgliedschaft in der „Gesellschaft der Menschenrechte" verfolgt, nach Straßburg.

Reichskristallnacht (31): Nacht vom 9. auf den 10. November 1938; SA und Parteimitglieder zündeten 191 Synagogen, 815 Geschäfte, Dutzende Warenhäuer und unzählige jüdische Wohnungen an, verschleppten mehr als 20 000 Juden in KZs oder erschlugen sie sofort. Der Name „Kristallnacht" soll vom Volksmund wegen der mit Glassplittern übersäten Straßen geprägt worden sein. – Als Vorwand nahmen die Nazis die Ermordung des deutschen Diplomaten Ernst vom Rath durch den 17-jährigen Herschel Grynszpan, der damit auf das Schicksal seiner Eltern und weiterer 17 000 Juden aufmerksam machen wollte, die aus Deutschland ausgewiesen worden waren.

Herschel Grünspan (31): Eigentlich: Grynszpan, 1921–1960 (für tot erklärt); ermordete am 7. November 1938 den Legationssekretär der deutschen Botschaft in Paris; 1940 an Deutschland ausgeliefert, bis Kriegsende inhaftiert. Lebte wahrscheinlich nach dem Krieg unter falschem Namen in Paris.

jahrzehntelang tabu (31): Der Erzähler irrt im Gegensatz zu Grass, der die vorhandenen Materialien (Bücher, Film) ausgiebig benutzt hat. Der Untergang der *Wilhelm Gustloff* war sowohl durch Heinz Schöns Bücher und Bücher aus dem englischsprachigen Raum präsent wie auch durch Frank Wisbars Film *Nacht fiel über Gotenhafen* (1959). Auch in den Werken von Grass fanden sich mehrere Verweise auf den Untergang des Schiffes u. a. m. Der Irrtum des Erzählers ist Ausweis für sein politisches Desinteresse, weshalb er später auch erkennen muss, bei der Erziehung seines Sohnes politisch und pädagogisch versagt zu haben („Blind gestellt haben wir uns.", 183).

Freistaat, Auslandsdeutsche (33): Seit dem Versailler Friedensvertrag 1919 war Danzig ein Freistaat und gehörte nicht mehr zum Deutschen Reich. Der Freistaat „Freie Stadt Danzig" war weitgehend umschlossen von der Republik Polen. Außenpolitisch vertreten wurde die Stadt von Polen, der Völkerbund entsandte einen Hohen Kommissar in die Freie Stadt, der die Einhaltung der Verfassung überwachen und in Streitfällen schlichten sollte. Der erste Hohe Kommissar war der Schweizer Historiker und Schriftsteller Carl Jacob Burckhardt (1891–1974). – Der Hafen wurde gemeinsam von Danzig und Polen verwaltet. Das führte zu ständigem Streit und dazu, dass Polen in Gdynia einen Seehafen baute, der schon 1932 Danzig überflügelt hatte. – Die Freie Stadt Danzig umfasste 1914 km^2; dazu gehörten Danzig und Zoppot, das Weichseldelta, das Danziger und Marienburger Werder und die Hügellandschaft der Danziger Höhe im Westen. 1933 erlangte die NSDAP die Mehrheit im Volkstag (Danziger Parlament) und vollzog die Gleichschaltung mit dem Dritten Reich. Ein außergewöhnliches staatliches und politisches Gebilde mit eigener Staatsangehörigkeit und eigener Währung, dem Danziger Gulden, ging am 1. September 1939 zu Ende.

„Die Fahne hoch …“ (34): Das Horst-Wessel-Lied wurde 1930 Parteihymne und seit 1933 gemeinsam mit der Nationalhymne gesungen; der Text stammt von Horst Wessel (1907–1930, erschossen), einem SA-Führer, der nach seinem Tod zu einem Märtyrer der NSDAP („jener Oberblutzeuge“, 34) aufgebaut wurde.

Wilhelm Tell (35): Sagenhafter Meisterschütze aus der Schweiz, Sinnbild des Freiheitskampfes der Schweizer gegen die Habsburger. Er wurde vom Landvogt Geßler gezwungen, einen Apfel vom Kopf seines Sohnes zu schießen und löste mit seiner Rache, dem Tyrannenmord an Geßler, die Selbstbefreiung des Volkes aus. 1354 soll er bei der Rettung eines Kindes ertrunken sein. Friedrich Schiller schrieb 1804 seinen *Wilhelm Tell.*

„Völkischer Beobachter“ (36, 46): Seit 1920 Nachfolger des 1887 gegründeten *Münchner Beobachters*. Untertitel „Kampfblatt der nationalsozialistischen Bewegung Großdeutschlands“, Parteizeitung der NSDAP und Propagandaorgan der Faschisten.

„Stahlgewitter“, Jünger (37): Ernst Jüngers (1895–1998) *In Stahlgewittern. Aus dem Tagebuch eines Stoßtruppführers* (1920) wurde das erste und berühmteste Buch des umstrittenen Schriftstellers. Es beschreibt Kriegserlebnisse aus dem Ersten Weltkrieg emotionslos und betrachtet Schlachten wie ein elitäres Kunstwerk. Der Tod wird zur Faszination.

Verdun (37): Stadt und Festung in Lothringen; verlustreiche Schlachtstätte im Ersten Weltkrieg (Februar bis Dezember 1916): Es fielen 360 000 Franzosen und 335 000 Deutsche. Die Strategie der Deutschen, die Festung zu erobern, ging nicht auf.

Alter Kämpfer (37): Frühe Mitkämpfer Hitlers in der NSDAP zwischen 1920 (die NSDAP entstand am 24. 2. 1920 aus der DAP) und 1925 (Neugründung am 27. Februar 1925, nachdem sie nach dem gescheiterten Hitler-Putsch – dem Marsch auf die Feldherrnhalle – verboten worden war), auf Parteitagen besonders geehrt. Ab 1933 galten alle vor der Machtübernahme der Partei beigetretenen Mitglieder als „alte Kämpfer", während die danach eingetretenen verächtlich als „Märzveilchen" bezeichnet wurden.
Goebbels, Göring, Heß, Himmler, (37): Nationalsozialistische Machthaber, Joseph Goebbels (1897–1945, Selbstmord), Gauleiter von Berlin, Propagandaminister; Hermann Göring (1893–1946, Selbstmord), Reichsmarschall, Luftfahrtminister; Rudolf Heß (1894–1987, Selbstmord), Stellvertreter des Führers, 1941 von den Engländern inhaftiert nach einem Flug nach Schottland, Ziel seines Fluges war es, Friedensgespräche zwischen dem Deutschen Reich und Großbritannien anzuregen; Heinrich Himmler (1900–1945, Selbstmord) Reichsführer-SS, Reichsinnenminister, verantwortlich für die KZ und die Verbrechen der SS.
Eichmann (37): Adolf Eichmann (1906–1962, hingerichtet), Leiter des Judenreferats im Reichssicherheitshauptamt, zuständig für die Enteignung der Juden und Organisator der Deportation der Juden in die KZ und Vernichtungslager.
Robert Ley (38): 1890–1945 (Selbstmord), ab 1923 Mitglied der NSDAP, 1925 Gauleiter, wegen Alkoholismus 1928 entlassen („‚ständig alkoholisierter Großsprecher'", 89). 1932 Reichsorganisationsleiter. Ab 1933 Leiter der Deutschen Arbeitsfront. Er war auch der Vorgesetzte des Reichsschrifttumskammerpräsidenten Hans Friedrich Blunck, da diese Kammer (ein Schriftstellerverband) der DAF eingegliedert wurde.

Deutsche Arbeitsfront (DAF) (38): Ab dem 10. Mai 1933 gleichgeschaltete Gewerkschaft, in der die Mitglieder zwangsorganisiert wurden. Sie hatte allerdings keine Arbeitnehmer-Schutzfunktion, sondern übte eine arbeits- und sozialrechtliche Betreuung aus. Am 2. Mai 1933 hatten die Nationalsozialisten die freien Gewerkschaften („marxistisches Gesindel"[61]) zerschlagen. Die DAF übernahm das gesamte Vermögen der freien und unabhängigen Gewerkschaften.
Stalin (39): eigentlich: Jossif Wissarionowitsch Dschugaschwili (1879–1953), seit 1922 Generalsekretär der KPdSU, Vorsitzender des Rates der Volkskommissare der Sowjetunion, Oberbefehlshaber der Roten Armee. 1937 verantwortlich für zahlreiche Säuberungsaktionen (53) in der KPdSU, dann auch im Offizierskorps und unter Emigranten. Wesentlich beteiligt am Sieg über den Faschismus und am Potsdamer Abkommen. Sein Tod 1953 erschütterte viele Menschen („richtig geweint", 39), da seine Verbrechen noch nicht bekannt waren.
Ulbricht (40): Walter Ulbricht (1893–1973), von Beruf Tischler, kommunistischer Politiker, Generalsekretär der SED, 1960–1973 Vorsitzender des Staatsrates der DDR. 1971 wurde er durch Erich Honecker als Generalsekretär der SED abgelöst („dessen Nachfolger", 40).
Baadermeinhoff (sic) (40): Die Baader-Meinhof-Gruppe bezeichnete sich selbst als „Rote Armee Fraktion" (RAF), eine linksextreme Gruppe, die sich terroristischer Mittel bediente. Baader und Meinhof wurden 1972 verhaftet, Ulrike Meinhof beging 1976 Selbstmord, Andreas Baader wurde zu lebenslanger Haft verurteilt und nahm sich 1977 das Leben.
Klassenunterschiede zeitweilig aufzuheben (41): Der Bau der *Gustloff* mit „einer einzigen Passagierklasse" (41), als

---

61 Vgl. Hilde Kammer, Elisabet Bartsch. Unter Mitarbeit von Manon Eppenstein-Baukhage: *Lexikon Nationalsozialismus. Begriffe, Organisationen und Institutionen*. Reinbek bei Hamburg: Rowohlt Taschenbuch Verlag, 1999 (24.–33. Tausend), S. 56

„klassenloses Schiff" (50), später wird es ironisch sogar als „säuberlich klassenlos" (58) bezeichnet, hatte den späteren Umbau zur „schwimmenden Kaserne" (84), „nicht mehr klassenlos" (85), im Blick. Heinz Schön konnte deshalb feststellen: „Die Aufrüstung der Marine schloss die Schaffung eines leistungsstarken Marinesanitätswesens ein. ... Die Wahl war auf die KdF-Schiff-Neubauten *Wilhelm Gustloff* und *Robert Ley* gefallen, die durch geringste Umbauten innerhalb kürzester Zeit mit jeweils 500 Betten und den erforderlichen Behandlungsräumen ausgestattet werden konnten."[62]

Mölln (43): Die Eulenspiegel-Stadt südwestlich von Ratzeburg, Eulenspiegel soll hier 1350 gestorben sein, geriet in den neunziger Jahren in die Diskussion, als bei einem „bösen Brandanschlag auf zwei von Türken bewohnte Häuser" (74) drei Türken umkamen. Paul, der dazu Agenturmeldungen verfasste, verhüllt, verkleinert und kaschiert später den Mord als einen „örtlichen Vorfall mit Todesfolgen" (81).

Friedrich Grimm (46): Der Professor aus Essen vertrat die Zivilpartei (Hedwig Gustloff) im Prozess gegen Frankfurter; er war aus zahlreichen politischen Prozessen in Deutschland bekannt. Sein Werk *Politische Justiz – die Krankheit unserer Zeit* erregte nach dem Zweiten Weltkrieg viel Aufsehen.

„Die Moorsoldaten" (48): Wolfgang Langhoff (1901–66), nach 1946 Intendant des Deutschen Theaters in Berlin, veröffentlichte 1935 seinen Erlebnisbericht aus dem KZ Börgermoor: *Die Moorsoldaten. 13 Monate Konzentrationslager* (Zürich: Schweizer Spiegel-Verlag). Er war sachliche Information und leidenschaftliche Anklage. Bekannt wurde aus dem Buch das Lied *Die Moorsoldaten*. Frankfurters Verteidiger Dr. Eugen Curti (46) las in seiner Verteidigung, in der der Antisemitismus in Deutschland entlarvt wurde, u. a. aus Langhoffs

---

62 Schön, S. 119 f.

Buch vor, um die Vernichtung der Juden durch die deutschen Faschisten zu dokumentieren. Das Lied der Moorsoldaten wird auch an anderer Stelle verwendet.[63]
Itzig (49): auch: Itzich (106); nach dem männlichen Vornamen Issak (hebr. Yizhaq/Jizchak) neutral als Name, aber umgangssprachlich für einen Juden abwertend gebraucht. Der Name überlagert sich mit der Bedeutung „dummer Mensch", „Idiot", und wird auch als Schimpfwort verwendet.
Schiffstaufe (51): Eine ausführliche Beschreibung mit den Reden und den Namen der Teilnehmer findet sich bei Schön, S. 50 ff.
Ostmark, Anschluß (58, 64): 1938 schlossen die deutschen Faschisten die seit 1918 selbstständig bestehende Republik Österreich als Ostmark an das Deutsche Reich an. Hitler hatte am 12. Februar 1938 dem österreichischen Bundeskanzler ein Ultimatum gestellt und deutsche Truppen rückten, obwohl die Forderungen erfüllt wurden, am 12. März in Österreich ein. Bei einer Abstimmung über den Anschluss am 10. April 1938 stimmten nach Angaben der Nationalsozialisten 99 %, in Österreich 99,7 % für den Anschluss. Das alte Wort „Ostmark" ist wertneutral. In seiner spezifischen Verwendung durch die Nazis und gekoppelt an „heimfinden" wurde es eines der „betont nazistischen Worte"[64].
„Frankfurter Zeitung" (60): Der Erzähler kontrastiert die Parteizeitung der NSDAP mit der „gediegenen" *Frankfurter Zeitung*. Sie begann 1856 als *Frankfurter Handelsblatt.* Die renommierte Tageszeitung liberalen Charakters, die auch im Ausland sehr angesehen war, wurde 1943 eingestellt.[65]
Heinz Schön (61): geb. 1926, 1936 in das Deutsche Jungvolk aufgenommen; Zahlmeisterassistent auf der *Wilhelm Gustloff*,

63 Günter Grass: *Mein Jahrhundert*. Göttingen: Steidl, 1999, S. 130
64 Vgl. Victor Klemperer: *LTI. Notizbuch eines Philologen*. Berlin: Aufbau-Verlag, 1947, S. 277
65 ebd., S. 75 und 268

Überlebender des Untergangs. Seither dokumentiert er den Untergang, veröffentlichte mehrere Bücher und beriet Filmschöpfer. *Die Gustloff-Katastrophe* (6. Auflage 2002) wurde zu einer Quelle der Grass'schen Novelle: Es findet eine fiktive Begegnung zwischen Heinz Schön und den Pokriefkes statt (91 ff.); Paul bekommt Schönes Dokumentation geschenkt (96).
Webstühle, Gewebe, Zeit vergeht (69): Berühmtes literarisches Bild, das auf die antiken Parzen zurückgeht. Diese unerbittlichen Schicksalsgöttinnen (griech.: Moiren) bestimmen das Leben, dass man sich als Faden vorstellte, den die Parzen verwalteten: Eine spinnt den Lebensfaden, eine schneidet ihn ab, die Dritte ordnet die von der Spule zur Weife (Garnrolle, Haspel) gehenden Fäden. Der Erdgeist in Goethes *Faust I* sieht sich „am sausenden Webstuhl der Zeit" (*Faust I*, V. 508).
Bürgerkrieg (71): Spanischer Bürgerkrieg 1936–39. Der von Franco ausgelöste Putsch, der sich auf die faschistische Falange, Monarchisten und den konservativen Klerus stützte, führte zum Bürgerkrieg. Francos Truppen wurden sowohl mit Waffenlieferungen als auch militärisch von Deutschland („Legion Condor"), Italien und Portugal unterstützt, die Volksfront von internationalen Freiwilligenbrigaden.
Guernica (71): Das nordspanische Städtchen wurde am 28. 4. 1937 durch einen Luftangriff der deutschen „Legion Condor" total vernichtet. Picassos weltberühmtes gleichnamiges Bild thematisiert diesen Vorgang. Das „Hymnische" und Heinz Schöns entsprechende Schilderung, „begeistert" (71), findet sich in Schöns Dokumentation (Schön, 106 ff.). – An der Zerstörung G.s waren 60 deutsche Kampfflugzeuge unter der Leitung Wolfram Freiherr von Richthofens beteiligt. Die Besatzungen der Flugzeuge reisten, weil ihr Einsatz geheim bleiben musste, als Touristen der „Kraft durch Freude" ein. Die Vernichtung wurde genutzt, um die „Bombenwirkung in Städten

festzustellen"[66] und die Vernichtung ziviler Bevölkerung („Flächenbombardement"), wie sie dann im Zweiten Weltkrieg von den Nazis zuerst angewendet wurde, vorzubereiten. Erst im Verlauf des Krieges schlug diese von den Deutschen entwickelte Strategie auf die deutsche Zivilbevölkerung zurück.

Lingiade (79): Im Sommer 1939 fand anlässlich des 100. Todestages des Schweden Pehr Henrik Ling ein Weltturnfest statt, dessen Schirmherrschaft der schwedische König Gustav V. übernommen hatte. Deutschland sandte 1400 Teilnehmer, die auf der *Gustloff* wohnten und von dort mit den Rettungsbooten der *Gustloff* und schwedischen Bussen im Pendelverkehr zu den Veranstaltungen gefahren wurden. Für die Zeit vom 17. Juli bis zum 6. August 1939 bestand die *Gustloff* ihre Bewährungsprobe als Wohnschiff.

Lazarettschiff (80): Am 1. September 1939 wurde die *Gustloff* „Hilfsbeischiff der Kriegsmarine" und bekam von nun an ihre Befehle von der Kriegsmarinedienststelle Hamburg. Bereits am 22. September wurde sie als Lazarettschiff in Dienst gestellt. Bei Kriegsbeginn stellte sich heraus, dass die Klassenlosigkeit Voraussetzung für schnellen Umbau war: „ ... durch geringste Umbauten innerhalb kürzester Zeit"[67] konnten die beiden modernsten KdF-Schiffe *Wilhelm Gustloff* und *Robert Ley* für die Kriegsmarine zur Verfügung gestellt werden.

Weltjudentum, jüdisch versippte Plutokratie, Juda verrecke u. a. (82 f.): Begriffe aus der faschistischen Hetze gegen die Juden, durch antijüdische Plakate und Aufschriften auf jüdischen Geschäften (48) u. a. verbreitet.[68] „Juda verrecke!" gehörte zu den Sprechchören, die Demonstrationszüge be-

---

66 Hannes Heer: *Straße um Straße*. In: DIE ZEIT Nr. 17 vom 19. April 2007, S. 98

67 Schön, S. 120

68 Vgl. dazu: Rosemarie Schuder/Rudolf Hirsch: *Der gelbe Fleck. Wurzeln und Wirkungen des Judenhasses in der deutschen Geschichte*. Berlin: Rütten & Loening, 1989, S. 544 ff.

stimmten und Pogrome begleiteten: „Deutschland erwache! Juda verrecke! Führer befiehl!“[69]

Unternehmen Seelöwe (83): Tarnbezeichnung für den geplanten Eroberungsfeldzug gegen England im Juli 1940. Die *Gustloff* sollte, nachdem ihre MES-Anlage überprüft worden war (Minen-Eigenschutz-Anlage), in Rotterdam stationiert werden. Bis zum 15. September 1940 wurden 155 Transportschiffe bereitgestellt. Da aber Luftwaffe und Kriegsmarine einsehen mussten, dass sie den Engländern nicht gewachsen waren, wurde das Unternehmen abgesagt.

Großadmiral (85): Es handelt sich um Erich Raeder (1876–1960), der 1935 Oberbefehlshaber der Kriegsmarine wurde, 1939 Großadmiral. Nach Auseinandersetzungen mit Hitler löste ihn 1943 Karl Dönitz (1891–1980) ab. Er wurde 1946 im Nürnberger Prozess zu lebenslanger Haft verurteilt, aber 1955 entlassen.

Gotenhafen war Ziel (86): Die polnische Hafenstadt Gdynia hieß ab Kriegsbeginn Gotenhafen. Am 9. Oktober 1943 griff die 8. amerikanische Luftflotte Gotenhafen (Gdynia) an. Der Großangriff galt dem Hafen und brachte erhebliche Verluste: Mehrere Dampfer sanken, auch Schlepper, U-Boot-Begleitschiffe, Minensuchboote u. a. Neben der *Gustloff* ging eine Bombe nieder, die die Außenhaut aufriss.

Prora (88): Das KdF-Seebad war als größtes Strandbad der Welt geplant; es ist ein 4,5 Kilometer langer, sechsstöckiger Betonbau. Darin sollten 20 000 „Volksgenossen“ Urlaub machen. Das Bad wurde nie fertiggestellt; es war seit 1943 eine Behelfsunterkunft für Flüchtlinge und Ausgebomte. Nach dem Zweiten Weltkrieg diente die Anlage als Kaserne für die Rote Armee und die Nationale Volksarmee der DDR. Ein Teil der Anlage, die dem Bund gehört, wurde inzwischen verkauft.

---

69 Vgl.: Victor Klemperer: *LTI. Notizbuch eines Philologen*. Berlin: Aufbau-Verlag, 1947, S. 261

Nemmersdorf (99, 101 f.): Am 16. Oktober 1944 stießen unerwartet sowjetische Panzer bis in den Kreis Gumbinnen in Ostpreußen vor und besetzten am 21. Oktober auch Nemmersdorf. Dabei wurden Frauen vergewaltigt und viele Einwohner – unter ihnen Kinder und Greise – getötet, auch die, die sich in die Kirche geflüchtet hatten. Nachdem die Panzer am 23. Oktober zurückgeschlagen worden waren, fand man in dem Ort 26 Tote. Zuvor hatten deutsche Offiziere geraten, die Zivilbevölkerung zu evakuieren, da sie als erste Opfer von Zorn, Wut und Rachegefühlen werden würde; das hatte der Gauleiter Ostpreußens abgelehnt.
Flakbatterie Kaiserhafen (100): Dort ist Harry Liebenau als Luftwaffenhelfer stationiert. Über dieser Batterie liegt Verwesungsgeruch, weil nahebei Häftlinge des KZ Stutthof verbrannt werden und Knochenberge lagern. Tulla, die ihn besucht, bezeichnet den Berg, über den niemand spricht, als das, was er ist: „Das issen Knochenberg ... Und zwar Menschenknochen." (*H*, 403).[70]
verhinderte Nonne, stigmatisierte (100): Bei einigen Menschen treten die Wundmale Christi auf (die Stigmata), sie erscheinen dann oft als Heilige. In einer Legende von zehn Rittern und zehn Nonnen (*H*, 85) ist Ursula die achte Nonne, „überall kurz und zärtlich Tulla gerufen". Sie hatte gerade erst ihr Gelübde abgelegt, aber schon zwölfmal gebrochen. Tulla wird als unheilige Heilige betrachtet, die nie zu fassen ist und Extreme vereinigen kann.
Goldap, Gumbinnen (101): Am 19. Oktober 1944 erreichten sowjetische Panzer die beiden ostpreußischen Kreise. Die deutsche Propaganda nutzte die schrecklichen Ereignisse beim

70 Am Tag nach dem Untergang der *Gustloff* richtete die SS ihr letztes und größtes Massaker an der ostpreußischen Küste an: 5000 Insassen des KZ Stutthof wurden bei Plamnicken an den Strand getrieben und erschossen: „Die Naturgeschichte der Zerstörung erfindet grausige Parallelaktionen. Während die *Gustloff* sank, ging der Holocaust immer noch weiter." Vgl. Thomas E. Schmidt: *Ostpreußischer Totentanz*. In: DIE ZEIT vom 14. Februar 2002, Nr. 8, S. 34

Einmarsch, um den Ostpreußen vorzuführen, was ihnen bei weiterem Vormarsch der Roten Armee drohte. Statt Verteidungswillen griff aber „Schrecken um sich" (101), der zu einer „Massenflucht" und „Panik" (102) führte.

Ilja Ehrenburg (101): Russisch-sowjetischer Schriftsteller und Publizist (1891–1967); er hatte den Ersten Weltkrieg als Frontkorrespondent erlebt. Seine kämpferischen Aufrufe und Artikel im Zweiten Weltkrieg brachten ihm auf sowjetischer Seite große Anerkennung. Er hatte seinen Aufrufen deutsche Aufrufe gegen die Sowjetunion zu Grunde gelegt. Seine Romane machten ihn durch mitreißende Erzählweise, groteske Gestaltungsmittel und kargen „Telegramm"-Stil zu einem berühmten Schriftsteller. Sein Roman *Tauwetter* (1956) wurde ein Signal zur Überwindung des Stalinismus.

Davits (114): Schwenk- oder kippbare Kranbalken an Bord von Schiffen; für kleine Lasten, paarweise für Rettungsboote.

das verdammte Datum (116): Vgl. Anmerkung zu **30. Januar** (s. S. 36 ff. dieser Erläuterung).

Homunkulus (118): Kleiner Mensch, Menschlein; (lat. homunculus „Menschlein", Verkleinerungsform zu lat. homo „Mensch"); in Goethes *Faust II* künstlich erzeugter Mensch.

fieren (132): Seemännisch für eine Last herablassen, ein belastetes Tau lockern.

Lusitania (134): Englischer Passagierdampfer, 30 396 BRT, wurde wegen seiner Munitionsladung am 7. 5. 1915 durch ein deutsches U-Boot in Gewässern südlich von Irland torpediert und versenkt, wobei 1198 Menschen ertranken, darunter 128 Amerikaner. Die Folge waren mehrere scharfe Proteste der USA, die dazu führten, dass der verschärfte deutsche U-Boot-Krieg im September 1915 in den Gewässern um England eingeschränkt wurde.

Talje (135): Seemänisch für Flaschenzug aus zwei ein- oder mehrscheibigen Blöcken.
Pinasse (138): Nach der Barkasse das zweitgrößte Ruder-, Dampf- oder Motorbeiboot von Kriegsschiffen.
Requiem (139): Totenmesse der katholischen Kirche; bedeutende Komponisten schufen als Höhepunkt ihres Schaffens ein Requiem, hier wird angespielt auf Johannes Brahms' *Deutsches Requiem* (1868, nach Bibelstellen), das den Komponisten berühmt und beliebt werden ließ.
Totentanz (139): Darstellung des alle Menschen, ob Papst oder Tagelöhner, betreffenden Todes in einer Bilderreihe, oft mit Bildunterschriften. Der Tod fordert alle, gleich ihrer sozialen Herkunft zum Tanz auf. In den Bildfolgen trifft der Tod auf Vertreter aller Stände. Berühmte Totentänze: Holbeins *Bilder des Todes* (1526); der *Lübecker Totentanz* von 1463 (ein Teil in Tallinn erhalten); Edvard Munchs *Totentanz* (1915). In der Dichtung ist August Strindbergs *Totentanz* berühmt geworden (1900).
adoptiert vom rettenden Oberbootsmaat Werner Fick (143): Die Rettung des Kindes, seine Adoption durch das Ehepaar Fick und seine Geschichte sind authentisch; sie finden sich bei Schön, S. 417 ff.
„Stirb und werde" (144): Zitat aus Goethes Gedicht *Selige Sehnsucht* (1814) im *West-östlichen Divan*, unter dem Titel *Vollendung* im *Taschenbuch für Damen auf das Jahr 1817* veröffentlicht. Für Goethe ist es ein dialektisches Grundprinzip und taucht variiert in seinem Gesamtwerk mehrfach auf.
der Schwere Kreuzer *Admiral Hipper* (148): Der Kreuzer gehörte zu den besonders zu sichernden Schiffen des Marineoberkommandos Ost; er erreichte zwar den Untergangsort der *Gustloff*, konnte aber wegen seiner hohen Aufbauten keine Hilfe leisten. Er hatte neben 1500 Mann Besat-

zung ebenso viele Flüchtlinge an Bord; als er von einem U-Boot angegriffen wurde, verließ er den Unglücksort. Er wurde später in Kiel durch britische Fliegerbomben schwer beschädigt und versenkt.

Lebensrune (158): Die Nazis nutzten die germanischen Schriftzeichen als Symbole; die Siegesrune (ᛋᛋ) wurde das Zeichen der SS, oft verwendet wurde die Lebensrune (ᛉ) bei Geburtsanzeigen, in umgekehrter Form bei Todesanzeigen (ᛦ).

„Archipel Gulag" (169): Alexander I. Solschenizyns Buch *Der Archipel GULAG* (1973) beschreibt das Leben in den sowjetischen Arbeits- und Todeslagern. Solschenizyn (geb. 1918) erhielt 1970 den Nobelpreis, er wurde 1974 aus der Sowjetunion ausgewiesen. Sein literarisches Werk ist umstritten, da die akribische Historiografie von vielen nicht als Literatur betrachtet wird. Seine Auffassung von der Rückkehr zu einem einfachen Leben in Russland erscheint seinen Kritikern als Rückschritt. Besonders heftig attackiert wurde er nach dem Erscheinen des 1. Bandes *Zweihundert Jahre gemeinsam (1775 bis 1995)* (2001), in dem er die Juden in Russland als Frontabteilung des Weltkapitals bezeichnete. Man warf ihm Antisemitismus vor. – S. bekennt sich zum orthodoxen Christentum. Aus dieser Haltung heraus kritisierte er weltpolitische Vorgänge wie den Einsatz der NATO in Jugoslawien. 2007 erhielt er den Staatspreis Russlands.

„Verdiente Aktivistin" (178): Seit 1950 vergleichsweise hohe Staatsauszeichnung in der damaligen DDR. Verliehen erst nach mehrmaliger Auszeichnung als „Aktivist" am Tag des Aktivisten (13. Oktober).

Freud (196): Sigmund Freud (1856–1939), österreichischer Psychopathologe, Begründer der Psychoanalyse, die nachhaltigen Einfluss auf die europäische Kultur hatte. Gemeint ist hier seine These, dass sich im frühkindlichen Erleben traumatische Prägungen bilden: Durch Vaterentzug entsteht eine Art Stellvertreterschaft des Sohnes, die Vaterhass einschließt. Wenn Konrad vor Gericht erklärt, seinen „Vater sollte das Gericht schnell vergessen" (195), entspricht das dieser These.

Wahlkampfgeschrei (203): Gemeint ist die Bundestagswahl von 1998, bei der die CDU mit Helmut Kohl abgewählt wurde. Anteil daran hatte der Generalsekretär der CDU, der Pfarrer Hintze, der nicht nur ein erklärter Grass-Gegner ist, sondern mit seiner „Rote-Socken-Kampagne", die „Roten Socken" waren seiner Meinung nach die PDS-Mitglieder mit ihrem Einfluss, Wähler abstieß und andere Parteien wählen ließ.

Danzig, Langfuhr, Elsenstraße (205): Handlungsorte der *Danziger Trilogie*. In der Elsenstraße kam Tulla auf die Welt; dort wohnte sie mit Harry Liebenau im selben Haus. In dessem Hof war die Tischlerei, lebte der Hund Harras und saßen Harry und Tulla im Holzschuppen unterm Teerdach. Schräg gegenüber wohnte der Studienrat Brunies, Jennys Adoptivvater.

Schneemann gebaut (205): Tulla erinnert sich an eine ihrer Schandtaten: Sie hatte Jenny im Schnee so lange gerollt, bis diese ein unbeweglicher Schneemann wurde. Es erscheint wie ein Mordversuch, der nur durch Tauwetter nicht vollendet wurde. (*H*, 278 ff.).

Horde Jungs (205): Tullas Abenteuer auf dem Wrack der *Rybitwa*, die in *Katz und Maus* geschildert wurden: Mit Joachim Mahlke („Jochen hieß der", 205) war sie beim Tauchen unterwegs, „Er tauchte mit ihr viel zu lange" (*K*, 42). Im gesunkenen Schiff glaubte sie einen toten Matrosen gesehen zu haben, „Wer mir den hochbringt, der darf mal" (*K*, 42).

Haubentaucher (213): Haubentaucher sind in allen Werken der *Danziger Trilogie* und im Roman *Ein weites Feld* zu finden. Sie sind Zeichen eines Ausgleichs zwischen Extremen, aber auch Zeichen von Utopien. Planmäßigkeit ist nicht ihre Art. Der Haubentaucher ist der „einfallsreichste aller Wasservögel", „immer für Überraschungen gut" und „für Ideen – und sei es für eine einzige – bürgte der Haubentaucher mit immer gültigem Patent"[71].

Kafka (215): Franz Kafka (1883–1924), Schriftsteller der Prager deutschen Literatur. Seine Romane *Der Prozess* und *Das Schloss* beschreiben eine sinnlos gewordene Welt, in der der Mensch zum Objekt verkommt. Für Grass ist Kafka ein Gegensatz zum eigenen Schreiben. „Kafkaeske" Fähigkeiten sind für Grass nicht unbedingt lobenswert, sondern sie drängen in die Parabel, „ortlos" und „zeitlos"[72]. „Kafkaeskes" Schreiben geht scheinbar unbestimmt mit Zeit und Raum um. Grass dagegen fühlt sich als Chronist.

zu zerschlagen (215): Die Handlung Konrad Pokriefkes erklärt sich vom Ende her: Nachdem Konrad selbst zur Märtyrer- und Symbolgestalt für neofaschistisches Denken geworden ist, kann er auf den zurückliegenden und historisch gewordenen „Blutzeugen" Gustloff und sein Symbol, das Schiff, verzichten.

passendes Schlußwort (216): Die Novelle ähnelt dem Schluss von *Katz und Maus*; die Erzähler suchen nach einem guten oder passenden Schluss und werden dabei immer enttäuscht. Es gibt keinen Schluss und vor allem gibt es keinen guten Schluss.

---

71 Günter Grass: *Ein weites Feld*. Göttingen: Steidl, 1995, S. 657 f.

72 Vgl. dazu: Dieter Arker: *Nichts ist vorbei, alles kommt wieder. Untersuchungen zu Günter Grass' Blechtrommel*. Heidelberg 1989 (Beiträge zur neueren Literaturgeschichte. Dritte Folge, Band 97), S. XXV, Anm. 31

2.6 Stil und Sprache

Die ersten drei Absätze der Novelle weisen **Ansprüche und Brüche** aus, die die Sprache des Gesamttextes bestimmen. Auf einen Fragesatz, dem eine ungewohnt klobige Personenbestimmung und ein falsches Verb („sagte" statt richtig: „fragte") folgen, werden mehrere Antworten versucht, die durch das unterordnende „weil" eingeleitet werden. Das kausale Fragewort „warum", gleichzeitig ein Interrogativadverb (Frageumstandswort), und die unterordnende kausale Konjunktion (Bindewort) „weil" bedingen semantisch einander, fügen sich aber außerdem im ersten Absatz fast zur Alliteration (Stabreim mit einer W-Stabung), begleitet von Assonanzen (Binnenreim mit „ei" in „weil, Schrei, schreien, drei, Zeilen"). Diese an hohe poetische Gestaltung erinnernden Reimmittel, die ansatzweise und unvollkommen erscheinen, werden konterkariert durch die unvollendeten Sätze und die Personenbestimmung. „Mit der Ellipse und der Aposiopese (Verstummen, Redeabbruch, R. B.) weist (der erste Absatz) zwei markante rhetorische Figuren auf, um die Rat- und Hilflosigkeit des Erzählers zu demonstrieren."[73]. Literarischer Anspruch und individuelles Können stehen in einem unüberbrückbaren Widerspruch, der letztlich den Widerspruch zwischen Literatur und Publizistik ausmacht und in einem Bekenntnis des Erzählers zur Publizistik schließt. Paul Pokriefke ist deshalb auch kein auktorialer Erzähler, allenfalls ein Erzähler in der Ich-Erzählsituation, denn er steht nicht über dem Geschehen und kann es nirgends nach seinen Vorstellungen gestalten, sondern er ist Teil des Geschehens und wird von diesem beherrscht. Es ist jedoch zu fragen, ob ihm mit literaturwissenschaftlichen Begriffen gerecht zu werden

73 Hildebrand, S. 21

ist oder ob er nicht besser als Berichterstatter zu bezeichnen wäre.
Sein Auftraggeber, der Jemand, ist dagegen der Repräsentant der Literatur. Erzähler und Jemand werden so zu sich einander ausschließenden Möglichkeiten für den Umgang mit Wort und Sprache. Es ist auch das Eingeständnis des Schriftstellers, die journalistische Berichterstattung möglichst anderen zu überlassen und sich selbst dem Literarischen zu widmen. Aber auch der Versuch, Zusammenhänge zwischen Ursache und Wirkung (Kausalität) zu erfassen, scheitert, wie die zuerst unvollkommenen, dann hilflosen Sätze mit „weil" erkennen lassen: Erneut werden die eingangs verwendeten Wörter eingesetzt, nun aber auf eine publizistische Funktion reduziert: „... was mir schiefgegangen ist ..., weil nämlich, weil Mutter damals hochschwanger, weil ich überhaupt nur zufällig lebe" (7). Es bleibt eine Irritation durch den ersten Abschnitt, die durch Ellipsen und Verstummen ausgelöst wird, aber zur Perspektivenvielfalt, die den Leser erwartet, hinführt. An diesem Satz hat Grass intensiv gearbeitet, wie mehrere Fassungen belegen.
Der erste Satz der Novelle ist sprachlich aufschlussreich. Sperriger ist der Unterschied zwischen Erzähler („ich") und Auftraggeber („jemand") kaum zu formulieren: „... sagte jemand, der nicht ich war" (7). Eine unbestimmte Person wird durch eine grammatisch ungeschickt eingefügte Verneinung von einer anderen Person abgehoben. Das weist auf schnelles Schreiben hin. Es wird verstärkt durch die mit „weil" beginnenden abgebrochenen Sätze, die folgen und sich oft im Text finden. Der Erzähler spürt sofort, dass „die Wörter Schwierigkeiten mit mir" (7) haben, er aber andererseits durch seinen Beruf „fix mit Worten" sei (7). So werden **Dichtung und Journalismus** unterschieden, die sich andererseits gegenseitig be-

dingen, denn: „Ich habe nie den Unterschied zwischen Journalismus und Literatur gesehen."[74].

Unterschied zwischen Journalismus und Literatur

Des Erzählers Paul Pokriefke semantisches Repertoir ist vom Sensationsjournalismus und einer salopp erscheinenden Umgangssprache geprägt, das auch zeitweise der Jemand benutzt, um den Erzähler zu gewinnen: „festnageln", „fix", „Kurve gekriegt", „Zeilen geschunden", „frisch vom Messer" (7) u. a. Das durchzieht den Text und wird immer dann deutlich, wenn der Erzähler sich an seinen Auftrag vom „Jemand" erinnert, seine Geburt und sein Leben zu erzählen, die „Knackpunkt" (70) des Berichts sein sollen.
Eine Beurteilung der sprachlichen Mittel ist zuerst eine **Beurteilung der journalistischen Mittel**; den Text an literarischen Merkmalen messen zu wollen, führt in die Irre. Nur selten tauchen literarischen Sequenzen auf, so wenn der Erzähler seinen Auftraggeber zu Worte kommen lässt: „Niemand weiß, was er dachte und weiterhin denkt. Jede Stirn hält dicht, nicht nur seine. Sperrzone. Für Wortjäger Niemandsland. Zwecklos, die Hirnschale abzuheben." (199) Derartige Passagen zeigen eine **poetische Bilderwelt** (die dichte Stirn, die abzuhebende Hirnschale), die an Georg Büchner erinnert. Das ist nicht die Sprache des journalistischen Erzählers, sonden die des Auftraggebers mit den Zügen Günter Grass'.
Die letzten Sätze der Novelle lassen ein zweites mit der Eröffnung korrespondierendes sprachliches Mittel erkennen: Der Erzähler verzichtet zunehmend und dann endgültig auf das „ich": Es verschwindet vollständig, als der Erzähler erkennen muss, wie sich die Ereignisse zu wiederholen beginnen und er bedeutungslos wird. Die Sätze werden zu **Ellipsen**: „Mußte lange surfen. Hatte zwar oft ..." (216).

74 Günter Grass: *Es ist ein schreckliches Jahrhundert gewesen*. In: Freie Presse vom 20. August 1999, Chemnitz

Die Erzählkunst Günter Grass'

Die Erzählkunst Günter Grass' schlägt sich in einem dichten **Symbol- und Motivgeflecht** nieder, das die Novelle wie alle Texte Grass' überzieht und strukturiert. Es stellt an den Leser hohe Ansprüche, nicht nur an das Vermögen zur Rezeption literarischer Texte, sondern auch an seine Allgemeinbildung, an sein Geschichtsverständnis und vor allem an sein Wertebewusstsein. Dazu gehören in dem Text journalistisch intendierte Begriffe (Story, Informationen usw., 8), Begriffe aus der Welt der neuen Medien (Browser, Hyperlink u. a., 8) und der namenlosen Kommunikation (Junk-Mail, 8). Dazu gehört das Wissen um das Datum 30. Januar in den verschiedenen Varianten der Jahre 1895, 1933, 1945 (vgl. auch Tabelle auf S. 36 ff. dieser Erläuterung.). Dem Datum entsprechen zahlreiche Umschreibungen wie „Ausweis der Vorsehung", „bloßer Zufall", „das verfluchte Datum", „Tag des fortlebenden Unglücks" (11) usw.

Begriffe aus der Computerwelt sind im Text häufig zu finden. Das gehört zur Arbeitsweise des Journalisten. Der Erzähler gesteht, dass dem Leser Wörter „wie Browser und Hyperlink" (8) unverständlich sein können, ihm sind sie selbstverständlich geworden. Er schafft damit einen Übergang zur Lebenswelt der Enkelgeneration und einem sich neu formierenden Alltag, in dem Literatur auch anders vermittelt wird. Der Text setzt sich mit dem Medium Internet auseinander und versucht dessen Begriffe zu literarisieren. Gestützt wird das durch den journalistisch arbeitenden Erzähler.

Übergang zur Lebenswelt der Enkelgeneration

Als Ausgleich zu den modernen Medien wird die **Mundart, Danziger Platt,** eingesetzt, die von Tulla gesprochen wird, aber auch bei der welterfahreneren Jenny in Resten zu finden ist. Trotz der Umsiedlung Tullas nach Schwerin hat sich diese Danziger Mundart erhalten und wird nur zurückgestellt, wenn Tulla, wie vor Gericht, hochsprachlich agieren muss.

Auch werden **Begriffe der LTI** (Lingua Tertii Imperii = Sprache des Dritten Reiches) verwendet, die sich komplikationslos mit den Modernismen verbinden. Sie werden zum Teil im Kapitel 2.5 dieser Erläuterung erklärt (Kameradschaft, Blutzeuge, Nacht der langen Messer u. a.). Bei genauer Betrachtung ist zu erkennen, dass besonders der Erzähler Paul Pokriefke ganz selbstverständlich und teils unkritisch mit Wörtern der LTI umgeht („vorbestimmt", 13; „ewig", 44; „Tausendjähriges Reich", 72; „Weltjudentum", 74; „zugeführt", 107 u. a.).[75]

---

75 Nützlich ist, den Text der Novelle unter den Aspekten der LTI zu analysieren. Vgl. dazu: Victor Klemperer: *LTI. Notizbuch eines Philologen*. Berlin: Aufbau-Verlag, 1947

2.7 Interpretationsansätze

Sprachlich macht der Beginn des Textes darauf aufmerksam, dass von einem Jemand (Auftraggeber mit Zügen des Autors) ein literarischer Anspruch erhoben worden ist, aber ein journalistisches und damit schnell vergängliches Ergebnis vom Erzähler erreicht werden wird. Dieser Gegensatz wird durch eine **literarische Beziehung** zusätzlich ironisch eingebracht. Noch ehe der Inhalt bestimmend wird – das beginnt mit dem „Tag des fortlebenden Unglücks" (11), dem „verfluchte(n) Datum" (11) vom 30. Januar 1945 – geht der Erzähler ausführlich auf Thomas Manns Roman *Der Zauberberg* und dessen Hauptgestalt Hans Castorp ein (9). Damit wird zwischen dem Roman Thomas Manns und der Novelle Günter Grass' ein Vergleich denkbar, für den es viele Möglichkeiten gibt: Hans Castorp und Paul Pokriefke, beides sind unerfahrene und wenig ausgeprägte Individuen, sind vergleichbar, der Erste Weltkrieg, in den Castorp geschickt wird, mit dem Zweiten Weltkrieg, in dem Pokriefke geboren wird usw.
Eine Ähnlichkeit der beiden Texte verblüfft: Sie sind am Ende in die Gegenwart hinein *zeitlich offen*. Beide Autoren erklären „die hochgradige Verflossenheit unserer Geschichte" (Thomas Mann) bzw. „diese Geschichte fing lange vor mir, vor mehr als hundert Jahren an" (7). Thomas Manns Erzähler formuliert zu Beginn seines Romans nicht nur die bekannte und oft zitierte Bestimmung des Erzählers als „den raunenden Beschwörer des Imperfekts", sondern bemüht sich beim Erzählen, „jedes Präsens geflissentlich zu vermeiden". Günter Grass' Erzähler Pokriefke sieht sich auch darauf verwiesen, dass, „wie gelernt, erst das eine, dann das andere und danach dieser oder jener Lebenslauf abgespult werden soll" (8). „Abspulen" lässt an Imperfekt denken. Er überlegt lediglich eine andere Erzähl-

technik, „etwa nach Art der Krebse" (8). Die bildet sich, indem unterschiedliche Biografien nicht linear aufeinander zu- oder parallel nebeneinander herlaufen, sondern sich bei unerwarteten Bewegungen in verschiedene Richtungen treffen. Das im Titel benannte Konstruktionsprinzip ist ungewöhnlich, dem Vorgang aber insofern angemessen, als Tragödien dieses Ausmaßes ebenso wenig rational begreifbar sind wie ihre Folgenlosigkeit im Denken der Neonazis vom Typ Konrad Pokriefke und seiner Kameradschaft.

Die Erzähler Thomas Manns und Günter Grass' kommen trotz ihrer Vorsätze in einer bedrohten und bedrohenden Gegenwart an, erzähltechnisch von beiden im Präsens geschrieben. Castorps Aussichten „sind schlecht", wird er doch von seinem Erzähler im Ersten Weltkrieg zurückgelassen, und Pokriefkes Aussichten sind nicht besser, denn faschistisches Gedankengut ist trotz der Zerschlagung des verbrecherischen nationalsozialistischen Systems wieder präsent: „Das hört nicht auf. Nie hört das auf." (216) Roman und Novelle beschreiben die Kontinuität von geistigem Verfall und zunehmender Bedrohung der Menschheit. Hatte Thomas Manns Erzähler noch hoffen können, „aus diesem Weltfest des Todes" werde „einmal die Liebe steigen", fand Grass' Erzähler im World Wide Web (www) die „Kameradschaft Konrad Pokriefke", die neuen Führerkult („... wir folgen Dir") betreibt (216).

Vergleichbar mit Günter Grass' Novelle *Im Krebsgang* (2002) ist Uwe Timms *Am Beispiel meines Bruders* (2003) und Treichels Erzählung *Der Verlorene* (1998):[76] Die drei Erzähler Grass', Treichels und Timms wurden im oder kurz nach dem Zweiten Weltkrieg geboren. Alle drei fragen nach den Gründen für die Entwicklung des Faschismus/Nationalsozialismus

76 Vgl. Rüdiger Bernhardt: *Uwe Timm. Am Beispiel meines Bruders*. Königs Erläuterungen und Materialien Band 475, Hollfeld: C. Bange Verlag, 2008; Rüdiger Bernhardt: *Hans-Ulrich Treichel. Der Verlorene*. Königs Erläuterungen und Materialien Band 446, Hollfeld: C. Bange Verlag, 2006

und nach den Lehren, die daraus gezogen oder nicht gezogen wurden.

Eine **organisierende Rolle** in der Novelle spielt **das Datum 30. Januar** als erster Erzählanlass: An diesem Tag wurde 1895 Gustloff geboren, übernahm 1933 Hitler die Macht, sank 1945 das Schiff, „ein Zeichen des allgemeinen Untergangs" (11), und wurde der Erzähler geboren (vgl. auch Tabelle auf S. 36 ff. dieser Erläuterung.). Andere Ereignisse werden vom Erzähler hinzugefügt (Tullas Gedenken, das Treffen der Überlebenden). Ihm bleibt es ein „verfluchtes Datum" (11), was er nicht oft genug wiederholen kann, „ein dreimal verfluchtes Datum", mit dem alles begann – auch die Erzählung wurde davon ausgelöst –, „sich mordsmäßig steigerte, zum Höhepunkt kam, zu Ende ging" (11). Diese **Klimax** ist deutlich und nicht misszuverstehen: Es begann mit Hitlers Machtergreifung, steigerte sich über die deutschen Verbrechen zum Höhepunkt und ging als Untergang der *Gustloff* zu Ende. Als „Tag des fortlebenden Unglücks" (11) wird es zur „kackbraun aufgehenden Saat" (32). Die Bewertung dieses geschichtlichen Abschnitts ist eindeutig und wird vom Jemand und dem Erzähler gleichermaßen so gesehen: Es ist das Grass'sche Geschichtsbild.

das Grass'sche Geschichtsbild

Der zweite Erzählanlass sind die Ungenauigkeiten und Lügen, das „Schummeln" (104) des Sohnes Konrad, der absichtlich ein falsches Bild der Geschichte zeichnet. Dabei ist nach dem Erzähler „die von uns angerührte Geschichte ... ein verstopftes Klo. Wir spülen und spülen, die Scheiße kommt dennoch hoch." (116) Dem will der Erzähler begegnen. Er ist keineswegs politisch links oder sonderlich mutig, sondern fühlt sich durch seine Geburt am „verdammten Datum" – und der Geschichte des Datums – besorgt und ängstlich. Auch hat er einen Rest moralischer Haltung in sich. Er möchte mit der Gegenwart des Datums Schluss machen.

Die letzten beiden Sätze der Novelle sprechen vom Misslingen der Absicht. Vor 100 Jahren begann das Geschehen. Drei Handlungsstränge werden aufeinander zugeführt: der um den Faschisten Wilhelm Gustloff, der um seinen Mörder David Frankfurter und der um den sowjetischen U- Boot-Kommandanten Alexander Marinesko. Beim Zusammentreffen dieser Handlungsstränge, die historisch bestimmt sind, kommt es zu einem vierten, der individuell bestimmt ist: der Geburt Paul Pokriefkes.

Der **Erzähler ist ein Journalist**, der zwischen Springer-Zeitungen und der *taz* die Fronten willkürlich wechselt. Sein Bericht ist unter diesen Voraussetzungen zu sehen. Ganz ähnlich hatte 1974 Heinrich Bölls Erzähler in *Die verlorene Ehre der Katharina Blum oder: Wie Gewalt entstehen und wohin sie führen kann* sich zum „Bericht", der auf „einige Neben- und drei Hauptquellen"[77] gegründet wurde, bekannt und über vernichtenden Journalismus gesprochen. Die **Texte Bölls und Grass'** treffen sich in der Verwendung von Dokumentationen und ihrem Ziel, entstehende Gewalt zu beschreiben, um sie zu verhindern. In beiden Fällen ist Sensationsjournalismus eine Ursache für entstehende Gewalt. In beiden Texten sind Nazis mit Namen Konrad, ein alter und ein neuer, im Besitz von Pistolen, die zu Morden verwendet werden: Bei Böll wird ein Journalist getroffen, der Katharina Blums Ehre vernichtete, bei Grass wird ein Internetsurfer getroffen, der sich in die Rolle eines Attentäters begeben hatte. Beide Texte wollen eigentlich keine Literatur sein, ästhetische Prinzipien werden sogar ausgeschlossen. Bölls Erzähler wehrt sich, von Komposition zu sprechen und beruft sich dafür auf das Zusammenführen von Quellen. Grass' Erzähler lehnt es ab, seinen „Bericht" als No-

Sensationsjournalismus

77 Heinrich Böll: *Die verlorene Ehre der Katharina Blum oder: Wie Gewalt entstehen und wohin sie führen kann*. Köln: Kiepenheuer & Witsch, 1974, S. 7

velle bezeichnen zu lassen: „Eine literarische Einschätzung, die mich nicht kümmern kann." (123)
Die Vielschichtigkeit des Textes und die beschränkten Fähigkeiten des Erzählers verführten zur einseitigen Lektüre der Novelle als Schilderung deutscher Opfer; vernachlässigt wurde dabei die Aufmerksamkeit für die wieder erstarkte faschistische Geisteswelt mit ihrem immer umfassender operierenden Antisemitismus. Das ist aber letztlich das entscheidende Thema der Novelle. Als in den umfangreichen öffentlichen Diskussionen bei der Beschreibung deutscher Opfer von Tabubruch gesprochen wurde und frühere Beschäftigungen mit Flucht und Vertreibung in der Literatur von Christa Wolf - in deren Roman *Kindheitsmuster* schon einmal ein „Krebsgang" des Erzählens versucht wurde - bis zu Johannes Bobrowski, von Siegfried Lenz bis zu Arno Surminski vergessen schienen, erklärte Grass' Biograf Michael Jürgs dies damit, dass „ausgerechnet er, der linke Patriot, der Auschwitz immer mitdachte, davon erzählt"[78]. Waren die Wolf und andere keine Linken? Jürgs bediente sich einer Argumentation, wie sie auch das „Ostpreußenblatt" verwendete (s. u.).
Es war aber nicht nur ein Text über Flucht und Vertreibung - also ein historisch akzentuierter Text -, sondern auch ein Text über die Unfähigkeit, politische Lehren zu ziehen - also ein politisch-moralischer Text: Trotz der zahlreichen Opfer reaktivierten sich nationalsozialistisches und antisemitisches Denken. Die Schlussworte der Novelle drücken diese Erkenntnis verzweifelt aus: „Das hört nicht auf. Nie hört das auf." (216) Damit werden auch die Opfer durch Flucht und Vertreibung neben allen anderen Opfern sinnlos, denn sie haben keine Einsichten gebracht. Paul Pokriefkes Arbeit an der Geschichte des Schiffsunterganges „ist die Reaktion auf die

78 Jürgs, S. 428

neonazistischen Aktivitäten seines Sohnes Konrad, die zu einer Katastrophe führen"[79], schon wieder zu einer, die erstes Zeichen für neue Opfer deutscher Nazis sein könnte.

Beitrag zur Dikussion um den Antisemitismus

Die Novelle ist ein Beitrag zur Dikussion um den **Antisemitismus in Deutschland**. Der einzige Antrieb Konrad Pokriefkes, Wolfgang Stremplin zu erschießen, ist antisemitisches Denken: Das Weltjudentum beherrsche die westliche Welt, die Juden gehörten zurück nach Israel; dort allerdings erfüllten sie die wichtige Aufgabe, den Palästinensern „keinen Fingerbreit" (159) nachzugeben. Bei Konrad Pokriefke wird deutlich, was Antisemitismus ist. Als sich herausstellt, dass David kein Jude ist, erlahmt das öffentliche Interesse, als wäre dadurch der Antisemitismus hinfällig geworden. Konrad dagegen erklärt vor Gericht nachdrücklich, dass er aus Prinzip den vermeintlichen Juden erschossen habe und er übrigens festlege, wer Jude sei. Sein Antisemitismus ist nicht an Juden gebunden, sondern kennzeichnet eine Haltung des Vernichtens vermeintlich nichtdeutscher Ansichten und Andersdenkender.

Grass bekämpft einen neue Konturen aufweisenden Antisemitismus: Er gibt sich nicht nur rassisch und politisch, sondern umfassend intellektuell begründet und bedroht jüdische Traditionen und jüdisches Denken in allen europäischen Verwurzelungen. Konrads Bekenntnis, er entscheide, „ob die mir als David bekannte Person als Jude sprach und handelte" (182), lässt einen grenzenlos sich ausweitenden Antisemitismus erkennen, der sich mit einer verfälschten Geschichtsdarstellung Konrad Pokriefkes verquickt: Für ihn sind die Toten der *Wilhelm Gustloff* unschuldige Opfer eines sowjetischen Kapitäns. Über eine Verantwortung der Opfer für ihr Schicksal denkt er nicht nach, sondern projiziert sie auf die

79 Engler, S. 140

nationalsozialistischen Feindbilder von Russen und Juden. Es ist schwer zu verstehen, dass der Grass'schen Novelle von Dan Diner eine besondere Form des Antisemitismus unterstellt wurde[80]: Grass habe, so referierte Jürgen Engler die Lesart des Soziologen und Historikers Dan Diners (Jerusalem, Leipzig), den Tötungsakt entworfen, „um das als auferlegt empfundene Gedächtnis, das Schuldbewusstsein angesichts des Holocaust abzuwerfen"[81]. Engler fügte an, dass „alle Verallgemeinerungen, die der besonderen Geschichte abgewonnen werden", allein derjenige verantworte, „der sie trifft"[82], hier also Diner.

Grass wandte sich gegen diese Unterstellungen, die auch seinen Freund Martin Walser betrafen, in einem Gespräch mit Fritz Pleitgen *Dichter, Bürger, Moralist* (9. Oktober 2002, ARD) und betonte einmal mehr, er habe sich des Themas angenommen, um es nicht den Rechten zu überlassen und weil sich von den jüngeren Autoren kaum jemand dafür engagiere.

---

80 Dan Diner: *Es redet aus ihnen heraus. Grass, Walser, Möllemann – Über die Entstehung einer neuen Form des Antisemitismus in Deutschland.* In: Literarische Welt vom 15. Juni 2002

81 Engler, S. 141

82 ebd.

3. Themen und Aufgaben

Die Lösungstipps beziehen sich auf die Seiten der vorliegenden Erläuterung. Immer ist die Tabelle (s. S. 36 ff. dieser Erläuterung) heranzuziehen.

1) Thema: Der Erzähler

Textgrundlage: gesamter Text
Lösungshilfe: S. 59 ff., 99 ff.

- Beschreiben Sie den Erzähler, das Umfeld seines Geburtsdatums und sein Verhältnis zu dem Stoff.
- Versuchen Sie, des Erzählers Lebenslauf (Ehe, Sohn usw.) zu verfolgen.
- Welche Folgen für die Handlung hat seine Tätigkeit als Journalist?

2) Thema: Krebsgang

Textgrundlagen: S. 7–53
Lösungshilfe: S. 55, 66 f.

- Stellen Sie zusammen, welche Bedeutungen der Titel *Im Krebsgang* haben kann. Prüfen Sie die Wendung im alltäglichen Gespräch.
- Beschreiben Sie Verwendungen von Tieren bei Grass (Katze, Maus, Butt usw.).
- Warum schreibt der Erzähler die Geschichte auf? Berücksichtigen Sie dabei sein Verhältnis zum Jemand!
- Beschreiben Sie die Methode des Erzählens, die Grass entwickelt.

3) Thema: Dokument und Fiktion

Textgrundlage: gesamter Text
Lösungshilfe: S. 36 ff., 59 ff.

- Stellen Sie die historischen Ereignisse dar, die die Novelle benutzt.
- Beschreiben Sie die unterschiedlichen Bewertungen dieser Ereignisse bei Tulla, Paul und Konrad Pokriefke.
- Vergleichen Sie die tatsächlichen und die erfundenen Lebensläufe miteinander.

4) Thema: Symbole

Textgrundlage: gesamter Text
Lösungshilfe: S. 57 f., 69, 75 f. u. a.

- Beschreiben Sie das „Schiff" als literarische Metapher. Wie wird sie in der Novelle verwendet?
- Verfolgen Sie die „Sieben" im Text und erklären Sie die Bedeutung.
- Stellen Sie alle Verwendungen des Begriffs „Granit" im Text zusammen und erklären Sie den Einsatz und die Unterschiede.
- Erklären Sie die nationalsozialistischen Symbole (Runen, Blutzeuge u. a.).

5) Thema: Strukturelemente

Textgrundlage: gesamter Text
Lösungshilfe: S. 54 ff., 66, 69

- Erklären Sie den Novellencharakter des Textes. Warum ist es notwendig, sich damit zu beschäftigen?
- Beschreiben Sie andere Mittel, mit denen der Text gegliedert wird (z. B. Zahlensymbolik, literarische Anspielungen usw.).

- Bestimmen Sie den Punkt des Zusammentreffens der verschiedenen Handlungsstränge.

6) Thema: Figurenkonstellationen

Textgrundlagen: gesamter Text
Lösungshilfe: S. 49 f., 54 f., 59, 61 f.

- Gehen Sie den Verweisen auf vorhandene Figurenkonstellationen in der *Danziger Trilogie* nach. Erörtern Sie, wer Paul Pokriefkes Vater sein könnte.
- Welche Rolle spielt Tulla in der Novelle? Beschreiben Sie den Charakter Tullas.
- Beschreiben Sie die Beziehung des Erzählers zu seinen Informanten und Bezugspersonen.

4. Rezeptionsgeschichte

Die Novelle erschien im Februar 2002. Die Rezeptionsgeschichte ist bisher kurz, bezieht man nicht die der *Danziger Trilogie* ein.[83] Bereits zwei Monate nach dem Erscheinen waren 30 Übersetzer dabei, darunter Boris Chlebnikow für das Russische, *Im Krebsgang* zu übertragen. 23 von ihnen trafen sich kurz nach der Veröffentlichung mit dem Autor in Lübeck zur Absprache. – Es fällt auf, dass die Mehrzahl der Äußerungen zur neuen Novelle nicht literarischer, sondern **politischer Natur** sind. Am Tage des Erscheinens teilte DIE WELT unter der Überschrift *Neues Grass-Buch löst Debatte um Vertriebene aus* mit:

> *„Zugleich hat Grass mit dem Buch eine neue Vertriebenendebatte ausgelöst. Damit erhält auch der Streit um die Vertreibung der Sudetendeutschen neue Nahrung. Die Sudetendeutsche Landsmannschaft in Österreich hat wegen massenhafter Enteignungen eine Sammelklage gegen Tschechien angekündigt."*[84]

Am 7. Februar erklärte die Präsidentin des Bundes der Vertriebenen e. V. Erika Steinbach im Deutschlandfunk, die Versenkung der *Gustloff* sei Verletzung des Völkerrechts gewesen, und erhob Forderungen.[85] Derartige kurzschlüssige Nutzungen der Novelle waren zahlreich; sie veranlassten Grass zum Widerspruch: Die Flüchtlingsverbände seien

> *„gepäppelt worden, insbesondere von der CDU/CSU. Sie bildeten ein Potenzial an Wählerstimmen, das von Adenauer von Beginn an wider besseres Wissen mit der kriminellen Lüge ein-*

83 Vgl. dazu Rüdiger Bernhardt: *Günter Grass. Die Blechtrommel*. Königs Erläuterungen und Materialien Bd. 159, Hollfeld: Bange Verlag, 2001, S. 114 ff. und ders.: *Günter Grass. Katz und Maus*. Königs Erläuterungen und Materialien Bd. 162, Hollfeld: Bange Verlag, 2002, S. 96 ff.

84 DW. In: DIE WELT, Dienstag, 5. Februar 2002, 30–6

85 Interview mit Erika Steinbach. In: Deutschlandfunk am 7. Februar 2002, 8.20 Uhr

gelullt wurde: Eines Tages kommt ihr in eure alte Heimat zurück. Diese Mentalität hat sich bis heute in den Funktionärskreisen der Flüchtlingsverbände gehalten, das ist das Unglück."[86]

Unter den zahlreichen Reaktionen auf das Buch sieht Grass wie in der Erika Steinbachs eine Haltung, wie sie früher üblich war, indem man gegenüber den anderen aufrechnete: „Die anderen waren ebenfalls böse – eine Denkweise, die heute noch in den Vertriebenenverbänden maßgeblich ist."[87] Parallel zur Veröffentlichung der Novelle machte Günter Grass darauf aufmerksam, dass es nicht um die Skins gehe, sondern um Politiker, die **dem rechtsradikalen Potenzial nach dem Munde redeten**.[88] Dass Grass das Thema jetzt so nachdrücklich an die Öffentlichkeit brachte, lag nicht an einer neuen Sicht des Schriftstellers auf das Thema Vertreibung, sondern weil „die eigene Schuld übermächtig und bekennende Reue in all den Jahren vordringlich gewesen sei", aber man durch Schweigen „das gemiedene Thema den Rechtsgestrickten überlassen" (99) hätte. Die nach der Veröffentlichung fortwährend gestellte Frage lautete: Warum wird erst jetzt darüber ausführlich erzählt? Mehrere Ansätze zur Eröffnung der Novelle („weil ...", 7) lassen den Leser Antworten raten. Darunter könnte auch jene sein, dass die Notwendigkeit besteht („Weil jetzt erst ...", 7), viele Deutsche an solche selbstverschuldete Gräuel zu erinnern, weil sie zuerst ihre Verbrechen verdrängten, dann auf andere delegierten und schließlich diese Verbrechen systematisch aufzurechnen versuchten gegen eigene Leiden. Inzwischen beginnen sich die Verbrechen in anderen Flüchtlingsströmen zu wiederholen.

Warum wird erst jetzt darüber ausführlich erzählt?

86 Grass, *Falsche Folklore* (Gespräch), S. 23
87 ebd., S. 22
88 Vgl. Kulturjournal des NDR vom 4. Februar 2002

Die Literatur hat jedoch schon zahlreich, von Arno Schmidt bis Walter Kempowski, von Günter Grass bis Manfred Bieler, von Christa Wolf bis Armin Müller, das **Thema von Flucht, Vertreibung und Umsiedlung** behandelt. Walter Kempowski (*Das Echolot*), der das Thema schon viel früher in die Diskussion gebracht hat, übersah, dass seine Texte vielen nur schwer als Literatur zu vermitteln sind und seine Auswahlprinzipien, mit denen er das Material anderer sortierte, nicht erschrecken und aufschrecken, auch nicht warnen, sondern dokumentieren. – Nicht einmal für die Bombenangriffe auf deutsche Städte gilt die These von der vernachlässigten Thematik; vielmehr spricht Unkenntnis daraus: Allein der Bombenangriff auf Dresden hat zu mehreren Romanen, Dokumentationen und Berichten geführt.[89] – Die voreilige Feststellung, die den Beginn der Rezeption der Novelle bestimmte, es sei nun ein Tabu gebrochen worden, kann mit dem vorhandenen umfangreichen Material relativiert und widerlegt werden. Die deutsche Literatur insgesamt machte Vertriebene thematisch nicht besonders auffällig, aber sie waren in wichtigen Werken vorhanden; übersehen wird oft, dass die DDR-Literatur zu dem Thema bedeutende Werke beisteuerte: Johannes Bobrowski (Gesamtwerk), Christa Wolf (*Kindheitsmuster*), Helga Schütz (*Vorgeschichten, Schöne Gegend Probstein* u. a.[90]), Helmut Sakowski (*Wege übers Land*), Elisabeth Schulz-Semrau (*Suche nach Karalautschi*), Armin Müller (*Der Puppenkönig und ich*) und andere. Auf die Frage, ob zu wenig über die Schreck-

These von der vernachlässigten Thematik

89 Wenigstens andeutungsweise erwähnt Hubert Spiegel in seiner Rezension *Das mußte aufschraiben*! Romane Max Zimmerings und Eberhard Panitz', denen noch weitere hinzugefügt werden könnten. Dass diese Bücher kein „nennenswertes Echo" hervorgerufen haben sollen, ist eine aus Unkenntnis getroffene Behauptung. Sie waren in der DDR Bestseller. Hubert Spiegel: *Das mußte aufschraiben*! In: FAZ vom 9. Februar 2002, Nr. 34, S. 56

90 Vgl. Rüdiger Bernhardt: *Die alten und die neuen Heimaten der Helga Schütz*. In: Marxistische Blätter, Essen 2000, Nr. 3, S. 77 ff.

nisse von Flucht, Vertreibung und Bombardierung gesprochen wurde, antwortete DIE ZEIT:

> *„In Wirklichkeit ist nichts beschwiegen worden. Ein unendlich breiter Strom mündlicher Überlieferung hat die Erlebnisse in Krieg und Bombennächten bis in die Gegenwart getragen, unvergessen auch die ‚Gustloff' auf den Familienfeiern der sechziger und siebziger Jahre – Rituale der Klarstellung, wer wirklich gelitten hat und wer nicht…"*[91].

Volker Hage zählte im *Spiegel* auf:

> *„Was bisher etwa bei Kempowski in dem großen kollektiven Tagebuch* Das Echolot *– und zwar in den Bänden mit dem Untertitel* Fuga furiosa *(1999) – zur Sprache kam, was in Romanen von Arno Surminski, Leonie Ossowski oder Heinz G. Konsalik, auch in der Jugendliteratur (so in Willi Fährmanns 1962 publiziertem Erfolgsroman* Das Jahr der Wölfe*) dargestellt wurde, wird von Grass auf hohem literarischen Niveau präsentiert: die Massenflucht der Ostdeutschen gen Westen, vorgeführt am Beispiel der äußersten Katastrophe, des ‚Gustloff'-Untergangs."*[92]

Am energischsten trat Heinz Ludwig Arnold der These entgegen,

> *„die deutsche Literatur habe der deutschen Opfer des Krieges und der Vertreibung an seinem Ende zu wenig gedacht"*[93].

(Allerdings steht in seiner umfangreichen Namensliste nicht ein einziger Autor der DDR-Literatur.) Die These von der

---

91 Thomas E. Schmidt: *Ostpreußischer Totentanz*. In: DIE ZEIT vom 14. Februar 2002, Nr. 8, S. 33

92 Volker Hage: *Das tausendmalige Sterben*. In: Der Spiegel Nr. 6, 2002, S. 188.– Vgl. dazu auch eine ähnliche Auflistung bei Rolf Schneider: *Der beste Grass seit Jahren*. In: DIE WELT, Dienstag, 5. Februar 2002, S. 27. Auffallend ist an diesen Aufzählungen, dass sie in der Regel die Schriftsteller der ehemaligen DDR, darunter hochrangige wie Christa Wolf, übersehen.

93 Arnold, *Krebsgang*, S. 3

Nicht-Beachtung des Flüchtlingelends in der Literatur stimmt nur bei arroganter Überschau. Das wurde vielfach variiert:

> *„So blieben denn die gewaltigen, traurigen, aber auch tragischen Ereignisse, die die Deutschen trafen, literarisch weitgehend unbearbeitet – etwa der Bombenkrieg oder Flucht und Vertreibung, aber in erster Linie das Erlebnis unserer Soldaten."*[94]

Vergessen werden Welterfolge wie Bruno Apitz' *Nackt unter Wölfen*, Anna Seghers' *Das siebte Kreuz* und *Transit*, Friedrich Wolfs *Professor Mamlock,* Arnold Zweigs *Das Beil von Wandsbek;* auch das Schicksal der Soldaten fand große Gestaltungen, denkt man an Theodor Pliviers *Stalingrad*, Bodo Uhses *Leutnant Bertram* und Franz Fühmanns *Kameraden.* Versucht man einen summierenden Überblick, werden die wortreich vorgetragenen Thesen über die Vernachlässigungen in der Literatur bedeutungslos. Mit einer Versachlichung der Diskussion ist die Einsicht stärker geworden, es habe kein Tabu für Vertreibung, Flucht und Untergang der *Gustloff* gegeben.[95] Der Film *Nacht über Gotenhafen* (1959), von Grass als „recht ordentlich"[96] bezeichnet, war dafür ein Beispiel; er wurde jedoch kein Erfolg. Die damaligen Zuschauer, noch selbst betroffen, wollten die Niederlage nicht sehen. An die *Gustloff* wurde immer wieder erinnert, da man bis in die siebziger Jahre in ihrem Wrack das legendäre Bernsteinzimmer aus Königsberg vermutete. Wilhelm Gustloffs Ermordung war ein Thema eines der berühmtesten Bücher von der Nachkriegszeit bis in die Gegenwart, Victor Klemperers *LTI*: Klemperer

---

94 Hans-Joachim v. Leesen: *„Ist es möglich?* (Deutsche Tragödien). In: Das Ostpreußenblatt vom 6. April 2002, Folge 14, S. 3

95 Vgl. dazu Detlef Clausen (Soziologe). In: *Die Welt der Immigration*. Deutschlandfunk vom 9. Juni 2002, 9.30: Danach gehörte der Untergang der Gustloff in den fünfziger Jahren zum Wissen der Menschen, „zum reaktionären Wissen Deutschlands".

96 Grass, *Falsche Folklore* (Gespräch), S. 23

verglich Frankfurters Tat, die Ermordung „des nazistischen Auslandsagenten"[97] Gustloff, mit Charlotte Cordays Ermordung Marats.[98] Das Tabu lag nicht auf dem Thema, sondern bei den Rezipienten. Es betraf nicht Themen, sondern politische Haltungen: Die verschiedenen politischen Haltungen nahmen einander nicht zur Kenntnis oder verteufelten sich gegenseitig.

Tabu lag bei den Rezipienten

Was aber musste geschehen, damit der Stoff eine solche Aufmerksamkeit bekam wie durch Grass' Novelle? Der Nobelpreisträger musste sich seiner annehmen und dazu noch in einer Situation, wo Rechtsradikales alltäglich wurde. Das bedeutete, ein einzelnes Ereignis, den Untergang der *Gustloff*, der bereits vorhandenen Aufarbeitung in der *Danziger Trilogie* zuzuordnen und die **Wiederholungsgefahr** nachdrücklich zu signalisieren, sowie über das historische Ereignis hinaus in der Gegenwart den Boden auszumachen, aus dem die Wiederholungen sprießen. Das ist die eigentliche Leistung Grass': Geradezu seismografisch fügt er Wiederholbarkeit und Bedingungen dafür zueinander. Am Ende der Novelle beginnt die Geschichte in des Wortes doppelter Bedeutung – als individuelles Erlebnis und als Historie – wieder. Grass' Blick auf die Deutschen als Opfer will nicht Märtyrer stilisieren, sondern ernsthaft vor Wiederholungen warnen. Nicht zufällig wurde nach der Veröffentlichung der Novelle in Zeitungen und Zeitschriften, von der ZEIT bis zum *Spiegel*, das Thema der Vertriebenen teils sogar in Serien differenziert aufgegriffen.

Die Rezensenten lassen sich grob in **ein zustimmendes und ein ablehnendes Lager** trennen. Der *Spiegel* nahm eine solche Einteilung vor[99]: *Spiegel*, *FAZ* auf der zustimmenden Seite;

---

97 Victor Klemperer: LTI. Notizbuch eines Philologen. Berlin: Aufbau-Verlag, 1947, S. 68

98 Vgl. dazu auch: Victor Klemperer: *Ich will Zeugnis ablegen bis zum letzten* (Tagebücher 1933–1941). Berlin: Aufbau-Verlag, 1995, 1. Band, S. 325

99 Volker Hage: *Unter Generalverdacht*. In: Der Spiegel vom 8. April, Nr. 15, 2002, S. 178–181

Süddeutsche Zeitung, Neue Zürcher Zeitung auf der anderen. Das ließe sich fortsetzen: *DIE WELT, Berliner Zeitung, Mitteldeutsche Zeitung, unsere zeit, Literaturen, Marxistische Blätter* auf der einen Seite, *Freie Presse, DIE ZEIT, Das Ostpreußenblatt* auf der ablehnenden. Die grobe Gegenüberstellung zeigt, dass Zustimmung und Ablehnung quer durch die geistigen, ästhetischen und politischen Haltungen ging. Dabei wurden die Ablehnungen hin und wieder mit der Ansicht vertreten, Grass' Novelle verharmlose die Schuld der Deutschen zwischen 1933 und 1945; er verwandle die deutsche Täter- in eine Opfergesellschaft (*Neue Zürcher Zeitung*). Es war der Beginn einer „bizarren Literaturdebatte"[100]. Unter den ablehnenden Rezensionen fällt ein Kritiker auf, der nicht nur dem Autor abwehrend gegenübersteht, was sein Recht ist, sondern der auch Grass' Absicht, eingebunden in den Erzählvorgang, den Krebsgang, nicht erfasst hat oder erfassen wollte und kurzerhand die Novelle zum „Flickenteppich der Geschichte" erklärte:

> *„Er scheitert mit dieser Konstruktion, denn bei dem Hin und Her zwischen dem Autor und seinem blass wirkenden Ghostwriter hapert es an Logik. ... Er möchte vor einem Rechtsruck unter der Jugend warnen. Um diese ehrenwerte Botschaft an den Mann zu bringen, scheut er freilich auch das Plakative nicht, beispielsweise wenn er auf die Mordmotive David Frankfurters zu sprechen kommt."*[101]

Solches Unverständnis und solche Ablehnung sind im Ensemble der Stimmen die Ausnahme. Eine andere Ausnahme war auch eine eigenwillige Interpretation des U-Boot-Angriffs auf die *Gustloff*. Günter Franzen in der *ZEIT* fand folgende „Lesart": Es habe eine „Logik der Vergeltung" gegeben,

---

100 ebd., S. 178

101 Ulf Heise: *Ein Flickenteppich der Geschichte*. In: Freie Presse (Chemnitz) vom 5. Februar 2002

„der sich bis in die Gegenwart hinein hierzulande niemand verschließen mochte, wollte er sich nicht dem üblen Ruf der Unbelehrbarkeit aussetzen. Das Grass'sche Porträt des U-Boot-Kommandanten legt eine andere Lesart nahe. Die von höchster Stelle erteilte Lizenz zum uneingeschränkten Töten entsprang der immanenten Logik eines totalitären Systems, das unter dem Deckmantel des ‚Großen Vaterländischen Kriegs' die im Landesinnern vollzogene kommunistische Säuberung exportfähig machte."[102]

Die Russen wären schuld an den deutschen Verbrechen, weil sie sich verteidigt haben. Die Grass'sche Lesart ist das nicht, wie es auch in der Novelle nicht einen einzigen Hinweis auf eine solche gibt. Leser widersprachen heftig. „Geradezu absurd erscheint der Gedankengang des Rezensenten."[103] – Jegliche Bedeutung spricht der Rezensent des *Ostpreußenblattes* der Novelle ab:

„Für Leser des Ostpreußenblattes *ist das von Grass geschilderte Schicksal der ‚Gustloff' und der Flüchtlinge nicht neu ... . Der Literaturbeflissene sucht in dem Buch vergebens nach einer Weiterentwicklung des Schriftstellers Grass. Ihre Bedeutung bezieht die Novelle allein aus der Tatsache, dass sich jemand aus der Clique der linken marktbeherrschenden Autoren des Themas der deutschen Flüchtlinge aus dem Osten annimmt."*[104]

Zahlreich waren die **Leserzuschriften** auf Dokumentationen und Rezensionen, die zu Grass' Novelle erschienen. Betroffene widersprachen, Handlungen der Kapitäne wurden verteidigt; es wurde auch darauf hingewiesen, dass vom U-Boot-Kapitän keine „Gnade oder Rücksicht" zu erwarten war:

---

102 Günter Franzen: *Der alte Mann und das Meer*. In: DIE ZEIT vom 7. Februar 2002, S. 39

103 Leserbriefe. In: DIE ZEIT vom 28. Februar 2002, Nr. 10, S. 18

104 Hans-Joachim v. Leesen: *Ist es möglich?* (Deutsche Tragödien). In: Das Ostpreußenblatt vom 6. April 2002, Folge 14, S. 3

„Krieg ist nie gnädig und niemals ‚human'. Das gilt auch heute noch..."[105].

Die **Wirkung ist in zwei Richtungen** zu beobachten. Einmal hat die Novelle eine umfangreiche Diskussion ausgelöst und eine Vielzahl anderer Literatur, Filme usw. erneut ins Gespräch gebracht. Andererseits wurde erneut das Augenmerk auf Grass' Gesamtwerk und auf seine Rolle in der Öffentlichkeit gelenkt.

Es gab neben begeisterter Zustimmung auch Verrisse: Die „Qualität seiner (Grass', R. B.) Novelle, die literarisch und ästhetisch dürftig ist"[106], wurde etwa bemängelt. Die Einwände galten im wesentlichen der Form. Dabei wurde übersehen, dass die ästhetischen Mängel Teil der Gestaltung sind: Der Journalist und Novellen-Erzähler Paul Pokriefke ist zu keiner anderen Gestaltung in der Lage; so wurden die Vorgänge und ihre Wiederkehr von keiner Emotion und kaum einem Ansatz zur Reflexion – sie wurde ihm vom „Alten" sogar strikt untersagt (199) – überlagert, sondern pur ausgestellt.

Bereits im Sommer 2003 stellte Grass die Novelle in Kaliningrad vor, wo dem nach 1990 rehabilitierten Kommandanten des sowjetischen U-Boots ein Denkmal gesetzt worden war.

Namhafte Autoren äußerten sich zu der Novelle. Der bekannte amerikanische Schriftsteller John Updike, der oft Kritik an den Büchern Grass' angemeldet hatte, besprach die englische Übersetzung *Crabwalk* und fand die Mischung aus Tatsachen und Fiktion überzeugend. Der Südafrikaner J. M. Coetzee setzte sich mit der komplizierten Novellenstruktur auseinander: „Ausführlicher – und bemerkenswert verständnisvoll – wenden sich beide der vom Buch ausgelösten Debatte zu. ‚Opfer'

---

105 Leserbrief *Ehrliches, umfassendes Erinnern*. In: Der Spiegel vom 18. Februar 2002, Nr. 8, S. 8

106 Ulrich Raulff: *Untergang mit Maus und Muse*. In: Süddeutsche Zeitung vom 5. Februar 2002. Ähnlicher Meinung war auch Roman Bucheli: *Die verspätete Erinnerung*. In: Neue Zürcher Zeitung vom 9. 2. 2002; der Text sei „literarisch ... bis auf wenige Szenen belanglos" und „eher gut gemeint als gut gemacht".

ist Coetzees Beitrag überschrieben: Niemand anderer als Grass sei der Richtige, von den Leiden der Deutschen während des Kriegs zu erzählen, er, der am ausdauerndsten demokratische Werte im öffentlichen Leben Deutschlands vertrete."[107] In Danzig plante man ein Grass gewidmetes Museum und Forschungsinstitut, 2006 allerdings – nach der Erklärung über die Zugehörigkeit zur Waffen-SS – forderten einige auch, Grass solle die Ehrenbürgerschaft Gdańsks zurückgeben.
Bei einem USA-Besuch 2007 ging er auf den Untergang der *Wilhelm Gustloff* ein, „neu für Amerikaner, in deren Filmen deutsche Opfer nicht vorkommen"[108]. Bei dieser Gelegenheit machte er den Unterschied zwischen seiner kurzen Laufbahn bei der Waffen-SS, worüber er schon in den sechziger Jahren gesprochen habe, und den „Karrierepolitikern", deren Laufbahn im Dritten Reich nach 1945 kein Hinderungsgrund für eine politische herausragende Stellung gewesen sei, deutlich.
Den Tiefpunkt bei der Beurteilung der Werke Grass' und Walsers aus den zurückliegenden Jahren erreichte Elke Heidenreich, Moderatorin des ZDF-Magazins „Lesen!", im April 2007 in einem Interview in „Cicero"[109], in dem sie die Literatur von Grass und Walser als „ganz ekelhafte Altmännerliteratur" von „eitlen, alten Männern" bezeichnete, wobei sie nach eigener Angabe von Walser und wahrscheinlich auch von Grass seit 1987 nichts mehr gelesen hat. Damals waren die beiden Autoren gerade einmal sechzig Jahre alt, was der heute 63-jährigen Heidenreich entgangen ist, die ihre Vorwürfe in der „Bunten" wiederholte. Beide hätten seit Jahren „den Mund nicht halten können" und „seit Jahren nichts Gutes ge-

107 Vgl. dazu: *Gegen-Denkmal*. In: Der Spiegel 2003, Nr. 25, S. 178
108 Eva C. Schweitzer: *Full Frontal. Warum die Amerikaner Günter Grass so lieben* In: DIE ZEIT Nr. 28 vom 5. Juli 2007, S. 55
109 *„Nie wieder ekelhafte Altmännerliteratur!"* Interview mit Elke Heidenreich. Das Gespräch führte Christine Eichel. In: Cicero. Magazin für politische Literatur, April (Internet-Ausgabe www.cicero.de)

schrieben", worunter also auch *Im Krebsgang* von Günter Grass fällt.[110] Statt den warnenden Gestus des Buches und sein brisantes politisches Thema zu beobachten, wünschte sie sich den „richtigen deftigen Erzähler". So waren schon einmal Rufer und Warner ungehört geblieben. Grass beurteilte diese kalkulierte Entgleisung treffend: „Das ist an Dummheit und Unverschämtheit nicht mehr zu übertreffen ... Sie wissen, welche Wirkung diese Frau auf den Buchhandel hat. Nicht nur wir beide, sondern eine Vielzahl von Autoren sind von diesen Dummheiten betroffen. Wir beide können von unseren Büchern leben. Aber für andere sind solche Urteile absolut vernichtend."[111]
Unberührt von Elke Heidenreichs Schmähungen hat das Buch seinen Weg gemacht; es wurde in kürzester Zeit in den Kanon der für die Schule geeigneten Werke aufgenommen und erlebte literaturwissenschaftliche Würdigungen, die den Kampf des Schriftstellers gegen rechtes Gedankengut und gegen ungebrochene Faszination durch nationalsozialistische Rituale erkannten: „Die *Gustloff*-Episode ist für den Autor ein beispielhafter Erzählstoff, um die Entstehung und Verbreitung neonazistischer Mythologien in den neunziger Jahren zu verfolgen, und an dem Stoff soll klar werden, wie nur eine kritische Auseinandersetzung mit der Geschichte die Verfälschungen eines tendenziös selektiven Gedächtnisses entschärfen kann."[112] Der Regisseur Joseph Vilsmaier – Schöpfer der Filme *Schlafes Bruder* (1995) und *Marlene* (2000) – plant, den Untergang der *Wilhelm Gustloff* neu zu verfilmen, auch in Polen ist eine Verfilmung des Untergangs im Gespräch (Regie: Agnieszka Holland). Publikumsschelte von der Presse, weil die Leser den Autor gegen deren Kampagnen in Schutz nahmen, und Presseschelte durch den Autor waren seit dem Erscheinen an der Tagesordnung. Die

110 Vgl. u.a. die Berichterstattung in der „Freien Presse" vom 21. Juni 2007, S. A 12
111 *Wer ein Jahr jünger ist, hat keine Ahnung*. Ein ZEIT-Gespräch zwischen Martin Walser und Günter Grass. In: DIE ZEIT Nr. 25 vom 14. Juni 2007, S. 59
112 Sbarra, S. 379

Novelle wurde in eine Werkliste für eine Enttabuisierung aufgenommen, wie sie in dem mehrteiligen Fernsehfilm *Die Flucht* (2007) einen publikumswirksamen, aber umstrittenen Höhepunkt erreichte. Aber am Beispiel der Novelle wurde auch erörtert, dass es solche Tabus nicht gegeben habe – das Gesamtwerk Grass' ist selbst ein Beispiel dafür –, das Publikum habe sich aber nicht für diese Themen interessiert und dadurch seien frühere Behandlungen des Themas nicht genügend zur Kenntnis genommen worden. Vorläufiger Höhepunkt der widersprüchlichen Aufmerksamkeit für Grass und seine Werke wurde das „Gipfeltreffen der beiden berühmtesten deutschen Schriftsteller" Grass und Walser zum Gespräch mit der ZEIT (Nr. 25 vom 14. Juni 2007). Grass bemerkte in diesem umfangreichen Interview, seine Bücher seien „alle gegen den jeweiligen Zeitgeist entstanden". Schreibantrieb sei immer gewesen, „etwas genauer (zu) wissen", über sich selbst „oder auch gesellschaftliche Dinge. Und dann auch dieser offenbar angeborene Drang ..., daß in mir ständig etwas auf Wörtersuche ist"[113]. Für *Im Krebsgang* beschrieb Grass' dänischer Übersetzer Per Øhrgaard das so:

> *„Was da nie aufhört, ist nicht nur das Furchtbare; es ist die Geschichte insgesamt. Sie ist nie vorbei und wird auch nie abschließend begriffen. Man kann in der Geschichte leben, ohne das Mindeste von ihr zu verstehen. Das gilt für Großmutter Tulla, die sowohl für ‚Kraft durch Freude' als auch für Stalin schwärmt und die in ein und demselben Satz ihrer großen politischen Verwirrung Ausdruck zu geben vermag. Wenn man Geschichte so zusammenrührt, dann wird sie hochkommen, wie lange man sie auch wegzuspülen versucht."*[114]

113 *Wer ein Jahr jünger ist, hat keine Ahnung.* Ein ZEIT-Gespräch zwischen Martin Walser und Günter Grass. In: DIE ZEIT Nr. 25 vom 14. Juni 2007, S. 59

114 Øhrgaard, S. 182

5. Materialien

Im Zusammenhang mit der Novelle wurde mehrfach – entgegen zahlreicher gegenteiliger Beweise – behauptet, Grass habe ein Tabu gebrochen, indem er über die Vertriebenen geschrieben habe. Das stimmte nicht. Richtig schrieb zusammenfassend der *Spiegel*:

„Als erster Schriftsteller aus seiner Generation reagiert Grass damit literarisch auf jene Diskussion, die Ende 1997 mit den Thesen des kürzlich tödlich verunglückten Schriftstellers W. G. Sebald zum Thema ‚Luftkrieg und Literatur' anhob (SPIEGEL 3/1998) und sich rasch zu einer Debatte über die Versäumnisse der deutschen Nachkriegsliteratur, auch und besonders der Gruppe 47, weitete. Die jungen Autoren dieser Gruppierung seien ‚von vielfältigen Tabus umstellt', Bombenkrieg und Vertreibung kein Thema gewesen, schrieb die ‚Frankfurter Allgemeine', die Beteiligten und Betroffenen würden wahrscheinlich ‚stumm abtreten'. Grass, der sich nun anschickt, diese Prognose zu widerlegen, stimmte das Thema zunächst in einer Rede über Erinnerung an, gehalten im Herbst 2000 in Vilnius. Als beunruhigend empfand er, ‚wie spät und immer noch zögerlich an die Leiden erinnert wird, die während des Krieges den Deutschen zugefügt wurden'. In der Nachkriegsliteratur habe die Erinnerung an die vielen Toten der Bombennächte und Massenflucht nur wenig Raum gefunden."[115]

Eine präzise Bestimmung der Qualität der Novelle gab Rolf Schneider, der unter anderem den Erzähler bewertete:

„Die Wahl des Ich-Erzählers erweist sich als Glücksgriff. Die mürrische Ratlosigkeit des Journalisten Paul Pokriefke angesichts der

---

115 Volker Hage: *Das tausendmalige Sterben.* In: Der Spiegel Nr. 6, 2002, S. 185 f.

zu schildernden Vorgänge schließt jedes billige Moralisieren aus. Die finsteren Geschehnisse wirken fast lapidar, ihre grausige Komik wird nicht unterschlagen, politisch korrekt ist hier gar nichts. Die Geschichtensammlung Mein Jahrhundert, *mit der Grass das letzte Säkulum abschritt, hat ihm sehr genutzt, als Training in Genauigkeit ebenso wie in Rollenprosa. Beides kommt der Novelle zugute."*[116]

Es hat nicht nur zahlreiche Dikussionen, sondern auch Gespräche mit Grass über die Novelle gegeben. In einem der Zeitschrift *Literaturen* wurde er gefragt, ob nicht die Thematik der Novelle dadurch so umfangreich diskutierbar sei, weil sie auf der EU-Bühne an Relevanz gewonnen habe. Grass antwortete:

„Das klingt einleuchtend. Und dennoch bin ich dagegen, die Probleme, die man im Land nicht lösen kann, auf Europa zu schieben. Gleiches gilt für unsere Debatte über die Nation. Seit drei, vier Jahrzehnten versuche ich, meine linken Freunde davon zu überzeugen, dass das Thema der Nation von linker Seite besetzt werden muss, damit kein Vakuum entsteht. Vergeblich, und so ist das Thema doch wieder von rechts besetzt worden. Mir wurde immer geantwortet: Das ist sehr nett, was du sagst, aber das geht alles in Europa auf – was nicht der Fall ist. Wenn wir in Deutschland nicht in der Lage sind, uns in aufgeklärter Weise als Nation zu definieren, sind wir selbst nicht reif für Europa, dann werden wir weiterhin unsere deutschen Querelen in die EU hineintragen, und unsere Nachbarn schütteln den Kopf, weil wir immer noch nicht in der Lage sind, uns auf unaufgeregte Art und Weise, aus der Tradition der Aufklärung heraus, als Nation zu definieren..."[117]

---

116 Rolf Schneider: *Der beste Grass seit Jahren*. In: DIE WELT, Dienstag, 5. Februar 2002, S. 27
117 Grass, *Falsche Folklore* (Gespräch), S. 27

Mitten in den Erfolg der Novelle hinein kam die Gründung der Bundeskulturstiftung am 21. März 2002. Günter Grass hielt dazu eine Rede, hatte er doch 1973 in einem Brief an den damaligen Bundeskanzler Willy Brandt die Gründung angeregt. Ohne seine Novelle zu nennen, ging er auf sein Anliegen im Umgang mit dem Thema der Flucht und Vertreibung ein und sagte:

„Deutsche Vergangenheit bedeutet: Schande und Glanz, Verbrechen, die uns nach wie vor in Verantwortung nehmen und kulturelle Überlieferungen, die den uns anhängenden Zivilisationsbruch dennoch überdauert haben. Zur deutschen Vergangenheit gehört aber auch der unwiederbringliche Verlust von Provinzen und Städten. Ich spreche von Ostpreußen, Hinterpommern, Schlesien, von Danzig und Breslau.

Wie schon zu Beginn der siebziger Jahre bin ich auch heute der Meinung, daß wir zwar Land verloren haben, Vertreibung erleiden mußten, aber nirgendwo, in keinem Potsdamer Abkommen steht geschrieben, daß die kulturelle Substanz dieser Provinzen und Städte in Vergessenheit geraten muß. Die Landsmannschaften als sogenannte Vertriebenenverbände, deren Wortführer selbst heute noch nur einseitig das zuletzt uns, nicht aber das zuallererst den Polen zugefügte Unrecht werten, sind von der nationalen Aufgabe überfordert, solch kulturelle Bilanz zu ziehen."[118]

In diesem Kontext kann auch die Novelle *Im Krebsgang* gelesen werden; ihr Erscheinen ist nirgends ein Tabubruch, sondern die Wiederholung einer national nicht durchgängig angenommenen Erfahrung.

---

118 Günter Grass: *Nach dreißig Jahren*. In: Mitteldeutsche Zeitung, Halle, vom 22. März 2002, S. 31

Der Essayist und Literaturwissenschaftler Jürgen Grambow (1941–2003), vertraut mit dem Werk des Günter Grass, des literarischen Themas „Ostsee" und der Landschaft in der Literatur, schrieb eine sachlich-einfühlsame Besprechung über die Novelle, in der auch einige ihrer Mängel als notwendige Folge von Thema und Form erscheinen:

„… es ist gut, dass dieser Autor sich des Themas annahm, Grass lässt Missverständlichkeiten nicht zu, selbst wenn es beim Überdeutlichen nicht ausbleiben kann, dass einiges an bloßer Rhetorik mitläuft. Er nimmt die Nackenschläge, die das im Kriegstaumel mit der Führung einige Volk in den Jahren nach 1943 einstecken musste, aus eindimensionaler Deutung heraus und nennt Kriegsverbrechen Kriegsverbrechen. Den Krebs, der seitwärts ausschreitet, was man als Rückwärtsgang interpretiert, obwohl er vorankommt damit, hat Günter Grass lediglich noch gezeichnet, im Buch spielt er in persona keine Rolle. An die Anfänge zurückzugehen, einzelne beziehungslose Fäden aufzunehmen und mit anderen ebenso beziehungslosen zu verknüpfen, das hätte zur Not auch das eintönig polternde Gerät versinnbildlicht, an dem David Frankfurter in seinem Churer Gefängnis die Tage zubringen muss: ein Webstuhl. Im Wort vom Krebsgang schwingt auch noch ein zweites Beziehungsgefüge mit, vom Krebsgang, vom Krebsen spricht man, wenn etwas rückläufig ist und niedergeht."[119]

119 Jürgen Grambow: *Tulla Pokriefkes Wiederkehr.* In: ndl (Neue Deutsche Literatur) 2002, Nr. 4, S. 135, 139

Literatur

1) Ausgaben

Günter Grass: *Im Krebsgang.* Eine Novelle. Göttingen: Steidl Verlag, 2002
(Nach dieser Ausgabe wird zitiert.)

Günter Grass: *Im Krebsgang.* Eine Novelle. München: dtv, 2004
(Seitenidentisch mit gebundener Ausgabe des Steidl Verlags)

Günter Grass: *Im Krebsgang*. Hörprobe auf 2 CDs, Steidl Verlag, Göttingen, 2002

Günter Grass: *Die Blechtrommel*. Roman. München: dtv, 1999 (8. Auflage)

Günter Grass: *Katz und Maus*. Eine Novelle. München: dtv, 2001 (10. Auflage)
(Zitiert als K)

Günter Grass: *Hundejahre*. Roman. München: dtv, 1997 (2., neu durchgesehene Auflage)
(Zitiert als H)

(Die Werke der ‚Danziger Trilogie' entsprechen in diesen Ausgaben der Werkausgabe, Göttingen: Steidl, 1993–97, Bände 3, 4 und 5.)

Günter Grass: *Beim Häuten der Zwiebel.* Göttingen: Steidl Verlag, 2006
(Zitiert als ‚Zwiebel')

Günter Grass: *Freiheit nach Börsenmaß*. In: DIE ZEIT vom 4. Mai 2005, Nr. 19, S. 1–2

Günter Grass: *Der Autor als fragwürdiger Zeuge*. Hrsg. von Daniela Hermes. München: Deutscher Taschenbuch Verlag, 1997

Günter Grass: *Fünf Jahrzehnte. Ein Werkstattbericht*. Hrsg. von G. Fritze Margull. Göttingen: Steidl Verlag und Verlag Buchhändler Vereinigung, 2001 (edition Welttag)

Günter Grass/Harro Zimmermann: *Vom Abenteuer der Aufklärung*. Werkstattgespräche. Göttingen: Steidl Verlag, 2000

Grass, Günter: *Falsche Folklore und erfundene Volkstänze*. Ein Gespräch mit dem Nobelpreisträger Günter Grass und den Historikern Michael Jeismann und Karl Schlögel. In: Literaturen. Das Journal für Bücher und Themen. Berlin: Friedrich Berlin Verlag, 2002, Nr. 5, S. 20–29

2) Lernhilfen und Kommentare für Schüler

Bernhardt, Rüdiger: *Günter Grass. Katz und Maus*. Hollfeld: C. Bange Verlag, ^{3}2006 (Königs Erläuterungen und Materialien, Band 162)

Bernhardt, Rüdiger: *Günter Grass. Die Blechtrommel*. Hollfeld: C. Bange Verlag, 4., aktualisierte Auflage 2008 (Königs Erläuterungen und Materialien, Band 159)

Bernhardt, Rüdiger: *Günter Grass. Hundejahre*. Hollfeld: C. Bange Verlag, 2006 (Königs Erläuterungen und Materialien, Band 442)

Hildebrand, Olaf: *Günter Grass. Im Krebsgang*. EinFach Deutsch Unterrichtsmodell, hrsg. von Johannes Diekhans. Bildungshaus Schulbuchverlage, Paderborn: Schöningh Verlag, 2006
(Gutes Informationsmaterial, auch zum geschichtlichen Umfeld, mit zahlreichen Arbeitsanregungen [Einzelarbeit, Partnerarbeit, Gruppenarbeit u. a.]).

3) Sekundärliteratur

Arker, Dieter: *Nichts ist vorbei, alles kommt wieder. Untersuchungen zu Günter Grass' Blechtrommel*. Heidelberg 1989 (Beiträge zur neueren Literaturgeschichte. Dritte Folge, Band 97)

Arnold, Heinz Ludwig (Hrsg.): *Günter Grass*. TEXT + KRITIK, Zeitschrift für Literatur. Heft 1. München: edition text + kritik, 7., revidierte Auflage 1997

Arnold, Heinz Ludwig: *Günter Grass' Im Krebsgang*. (Die Rezension des Monats März 2002). In: Die sieben Göttinger Literaturtipps der TEXT+KRITIK-Redaktion.
http:www.etk-muenchen.de/g7/rdm2002-03.html
(Informative Übersicht und Wertung der bis März 2002 vorliegenden Rezensionen; sehr kritische Bewertung der Novelle)

Bernhardt, Rüdiger: *Im Krebsgang zu den Anfängen. Zu Günter Grass' neuer Novelle*. In: Marxistische Blätter. Essen: Neue Impulse Verlag, 2002, Nr. 3, S. 99–104

Bürger, Jan: *Apropos Krebse.* In: Literaturen. Das Journal für Bücher und Themen. Berlin: Friedrich Berlin Verlag, 2002, Nr. 4, S.71 f.
(Die Rezension stellt Grass' Novelle in das Umfeld anderer Arbeiten wie die Arno Schmidts und Johannes Bobrowskis.)

Cepl-Kaufmann, Gertrude: *Der Deutschen unauslöschliche Vergangenheit. Günter Grass' Roman ‚Hundejahre'.* In: Gerhard Rupp (Hrsg.): Klassiker der deutschen Literatur. Epochen – Signaturen von der Aufklärung bis zur Gegenwart. Würzburg: Königshausen & Neumann, 1999

Engler, Jürgen: *Nachträglicher Vorsatz. Grass lesen: Lektüre als Krebsgang.* In: ndl (Neue Deutsche Literatur) 2002, Nr. 6, S. 138–143
(Begründung, warum die Novelle ein Erfahrungstext ist, in dem „Vertreibung" mit „anderen Erfahrungen abgeglichen und so in Erkenntnis überführt werden" soll.)

Grambow, Jürgen: *Tulla Pokriefkes Wiederkehr.* In: ndl (Neue Deutsche Literatur) 2002, Nr. 4, S. 135–139

Hage, Volker: *Das tausendmalige Sterben.* In: Der Spiegel vom 4. Februar 2002, Nr. 6, S. 184–190
(Der Besprechung sind eine Rezension Rudolf Augsteins und eine Dokumentation ‚Die verdrängte Tragödie', S. 192–202, angeschlossen.)

Hage, Volker: *Zeugen der Zerstörung. Die Literaten und der Luftkrieg.* Frankfurt am Main: S. Fischer Verlag, 2003
(Grass' Novelle wird als indirekte, aber zustimmende Reaktion auf Sebalds These vom tabuisierten Luftkrieg in der Literatur gesehen.)

Hermes, Daniela/Neuhaus, Volker (Hrsg.): *Die „Danziger Trilogie" von Günter Grass. Texte, Daten, Bilder.* Frankfurt am Main: S. Fischer Verlag, 1991

Jürgs, Michael: *Bürger Grass. Biografie eines deutschen Dichters.* München: C. Bertelsmann Verlag, 2002 (ergänzte, von Grass abgelehnte Ausgabe 2007)
(Die gefällig geschriebene Biografie hilft für das Verständnis der Werke nur bedingt weiter und ist als Interpretationshilfe wenig nützlich.)

Klee, Ernst: *Das Personenlexikon zum Dritten Reich. Wer war was vor und nach 1945?* Frankfurt am Main: S. Fischer Verlag, 2003
(In Anbetracht der zahlreichen von Grass genannten Funktionsträger aus dem Dritten Reich ist das Lexikon ein unverzichtbares Nachschlagewerk.)

Knopp, Guido: *Der Untergang der Gustloff. Wie es wirklich war.* München: Econ TB, 2002
(Teilveröffentlichung aus dem Buch des Verfassers ‚Die große Flucht. Das Schicksal der Vertriebenen', München: Econ, 2002, wegen der Zeitzeugen wichtig.)

Mayer-Iswandy, Claudia: *Günter Grass.* dtv portrait, hg. von Martin Sulzer-Reichel, Nr. 31059. München: Deutscher Taschenbuch Verlag, 2002

Moser, Sabine: *Günter Grass. Romane und Erzählungen.* Berlin: Erich Schmidt Verlag, 2000 (Klassiker-Lektüren, Bd. 4)
(Referierende Zusammenfassung wichtiger Sekundärliteratur bis zum „Weiten Feld" ohne orientierende Wertungen, dabei faktografisch ungenau.)

Neuhaus, Volker: *Schreiben gegen die verstreichende Zeit. Zu Leben und Werk von Günter Grass.* München: dtv, 1997
(Wichtige und detaillierte Biografie, die die Erlebnisse Grass' mit den Wirkungen in den Werken vergleicht.)

Øhrgaard, Per: *Günter Grass. Ein deutscher Schriftsteller wird besichtigt.* München: Deutscher Taschenbuch Verlag, 2007
(Der dänische Übersetzer und Grass-Biograf führt gelungen und spannend, unterhaltsam und kenntnisreich in Leben und Werk von Grass ein, unter Auslassung der Sekundärliteratur und bei fleißigem Gebrauch der Texte; zu ‚Im Krebsgang' S. 180 ff.)

Reich-Ranicki, Marcel: *Unser Grass.* München: Deutscher Taschenbuch Verlag, 2005

Sbarra, Stefania: *Die Entkonkretisierung der Zeitgeschichte im Familienalbum. Günter Grass' „Im Krebsgang".* In: Weimarer Beiträge. Zeitschrift für Literaturwissenschaft, Ästhetik und Kulturwissenschaften. Hrsg. von Peter Engelmann. 51. Jahrgang, Wien: Passagen Verlag, 2005, Nr. 3, S. 376–390

Schmidt, Sabine, Jan Blaszkowski u. a.: *Oskar – Tulla – Mahlke. In Gdańsk unterwegs mit Günter Grass* (zweisprachig). Wydawnictwo „Marpress" Gdańsk, 1993
(Für die örtlichen Verhältnisse und die Beziehungen zwischen dem geschichtlichen Danzig und dem heutigen Gdańsk ein unentbehrliches Hilfsmittel.)

Schön, Heinz: *Die Gustloff-Katastrophe. Bericht eines Überlebenden über die größte Schiffskatastrophe im Zweiten Weltkrieg.* Stuttgart: Motorbuch Verlag, 2002 (6. Auflage)

Stolz, Dieter: *Günter Grass zur Einführung.* Hamburg: Junius, 1999
(Nützliche und genaue Information über wichtige Werke und deutliche, allerdings anspruchsvolle Beschreibung des großen Wortkünstlers und seiner Texte)

Vormweg, Heinrich: *Günter Grass mit Selbstzeugnissen und Bilddokumenten.* rowohlts monographien Nr. 359, Reinbek bei Hamburg 1986

5. Film

Nacht fiel über Gotenhafen. BRD 1959.
Regie: Frank Wisbar.
Fachberatung: Heinz Schön.
(vgl. dazu *Im Krebsgang*, S. 113 ff.)

Weitere Infos zum Film finden sich unter http://uk.imdb.com.